Wohlbefinden durch Schreiben

Zum Inhalt:
Schreiben kann die Seele streicheln, Wohlbefinden ermöglichen, zu mehr Selbstvertrauen führen, die Widerstandskraft erhöhen, das Immunsystem stärken, den Blutdruck senken, Magen und Darm beruhigen, die Lunge befreien, Angst vermindern, gegen Depression helfen und gesund und glücklich machen.

Dieser Ratgeber möchte Menschen ansprechen, die über ihre beruflichen Aufgaben und ihrem privaten Schriftverkehr hinaus kaum eigene Texte produzieren. Sie sollen mit kleinen Übungen ermutigt werden, das Schreiben als Ritual in ihren Alltag einzubauen. Gleichzeitig können sie erleben, dass das Schreiben therapeutische Bedeutung hat, einen klaren Blick auf das Leben ermöglicht und das Selbstwertgefühl stärkt. Die Leser werden in dem Buch mit unterschiedlichen Textsorten vertraut gemacht. Sie erhalten Anregungen, mit Sprache zu spielen, Gedanken und Gefühle in lyrischen Texten auszudrücken, das eigene Leben zu reflektieren, Leserbriefe für Zeitungen zu formulieren, Texte für Geburtstage zu verfassen, Geschichten für Kinder zu erfinden oder ihre Familiengeschichte aufzuschreiben.

Zur Autorin:
Edelgard Moers, Dr. phil, schreibt pädagogische Fachliteratur, Schulbücher, Romane, Kinderlieder und lebt mit ihrem Mann in Dorsten.
www.edelgardmoers.de

EDELGARD MOERS:

Wohlbefinden durch Schreiben

Mit Leichtigkeit ans leere Blatt

Ein Ratgeber

Bibliografische Information der Deutschen Nationalbibliothek:
Die Deutsche Nationalbibliothek verzeichnet diese Publikation
in der Deutschen Nationalbibliografie; detaillierte bibliografische
Daten sind im Internet über http://dnb.dnb.de abrufbar.

Lektorat: Uta Kegel, www.schreibwerk-kegel.de

Umschlagdesign, Satz, Herstellung und Verlag:
BoD – Books on Demand

ISBN 978-3-7543-7648-5

Inhalt

Vorwort

Schreiben lernt man nur durch Schreiben. Für den Beginn brauchst du nicht mehr als einen Stift und Papier. Du kannst natürlich auch tippen, wenn du möchtest. Wähle eine der leichten Schreibübungen aus den ersten Kapiteln aus und beginne einfach. Du wirst schon bald weitere Hindernisse überwinden und entdecken, dass du etwas mitzuteilen hast.

Die geballte Kraft der vielen unterschiedlichen Schreibanregungen braucht dich nicht zu irritieren. Du musst nicht gleich das gesamte Buch von vorne bis hinten durchlesen. Lass dich lieber treiben, und halte inne, wenn dich etwas interessiert. Keine Sorge, nicht alle Anregungen müssen dir zusagen. Aber lass dich zum Schreiben überreden, wenn dir eine Idee gefällt. Die Auswahl ist bewusst groß, sodass bestimmt etwas für dich dabei ist.

Probiere verschiedene Ideen aus und sammle deine eigenen Erfahrungen. Lies die Informationen und arbeite dann Schritt für Schritt weiter. Markiere Stellen, zu denen du vielleicht später zurückkehren möchtest. Du lernst freie Formen des Schreibens und verschiedene Textsorten kennen. Darüber hinaus findest du Anregungen zum planvollen Schreiben.

Sobald du deinen Umgang mit diesem Buch gefunden hast, wirst du feststellen, dass sich manche Techniken automatisieren und du mit jeder Aufgabe mehr Fähigkeiten ausbildest. Du wirst nach und nach deine Themen, deine persönliche Art und deinen Schreibrhythmus entdecken. Schon bald kannst du auf viele unterschiedliche Möglichkeiten zurückgreifen, dich auszudrücken, angefangen von zweckgebundenen Notizen über das Spielen mit Sprache bis hin zum poetischen und kunstvollen Ausformulieren.

Habe Mut, dich dem Schreiben hinzugeben. Öffne dein Herz und entlocke deinem Kopf Worte für deine Erlebnisse, Gedanken und Gefühle. Entwickle dich von einem Zauderer zu einem Zauberer, der allen Texten den roten Teppich ausrollt und die geschriebene Sprache als Medium zu schätzen weiß.

Schreiben Tag für Tag – wie du das Schreiben in deinen Alltag einbeziehen kannst

Schreiben lässt sich, wie Essen und Trinken, als wiederkehrendes Ritual in den Alltag einbeziehen. Nicht zu jeder Tageszeit ist man gleich aktiv und kreativ. Wähle überschaubare Zeitfenster aus, in denen dir das Schreiben leicht von der Hand geht.

Wenn du es schaffst, möglichst täglich ein paar Zeilen festzuhalten, verankert dein Gehirn bereits im Laufe weniger Wochen diese neue Gewohnheit. So wird das Schreiben für dich nicht nur selbstverständlich, sondern ein echtes Bedürfnis. Probiere unterschiedliche Möglichkeiten aus, in denen du dich ausdrücken möchtest. Betrachte sie wie eine Fingerübung, ein Spiel ganz ohne Vorgaben. Es gibt dabei kein Falsch oder Richtig. Es gibt nur deinen individuellen Text. Für viele Schreibende ist der Morgen ein guter Zeitpunkt.

Die folgenden Übungen sind ganz bewusst nur kleine Aufgaben, die besonders gut für tägliche Schreibrituale geeignet sind. Probiere aus, welche Übung dich anspricht, und behalte diese möglichst über einen längeren Zeitraum bei.

Übung 1: Neuer Morgen

Ein neuer Morgen bringt neue Energie. Wähle gleich am Vormittag ein klares Zeitfenster, um über deine Gedanken und Gefühle zu schreiben. Rituale am Morgen verändern das Leben oft zum Besseren. Durch einen immer gleichen Ablauf bringst du mehr Struktur und Stabilität in deinen Alltag. Greif den Gedanken auf, den du beim Aufstehen gehabt hast. Schreibe ihn auf.

Übung 2: Wohlfühllisten

Beginne den Morgen mit Wohlfühllisten, denn sie heben die Stimmung. Schreibe auf, was dir gut tut, was dich glücklich macht und was du dir heute noch für dein Wohlbefinden vornimmst. Vielleicht entdeckst du etwas, was sich nach und nach umsetzen lässt. Wenn wir Dinge aufschreiben, die uns glücklich machen oder für die wir dankbar sind, entwickeln wir ein positives Denken. Das führt auch zu mehr Motivation und größerem Optimismus für die Zukunft.

Übung 3: Einfach nur so

Schreibe einfach nur so für dich. Das hört sich leicht an, ist aber tatsächlich Übungssache, da wir diese Art zu schreiben nicht gelernt haben. Meistens sind wir angehalten, uns zuerst Gedanken zu einem Thema zu machen und nicht einfach drauflos zu schreiben. Es gibt eine Möglichkeit, mit der du das „einfach nur so" üben kannst.

Schreibe fünf Minuten – nicht kürzer und nicht länger. Bei dieser Übung geht es darum, das Schreiben nicht zu bewerten, sondern nur das aus der Feder fließen zu lassen, was heraus will. Aus diesem Grund musst du deinen Fünf-Minuten Text auch nicht lesen. Pack ihn einfach unbesehen in eine Mappe oder in einen

Ordner. Setze dich am nächsten Tag wieder fünf Minuten hin und schreibe. Mach es auch weiterhin. Irgendwann, wenn dir danach ist, kannst du die Texte hervorholen und in Ruhe lesen. Was fällt dir auf?

Du kannst dir einige Fragen stellen und vielleicht Antworten darauf finden:

▷ Was ist für mich wichtig gewesen?
▷ Was habe ich angesprochen?
▷ Welche Gefühle stecken in meinen Texten?
▷ Welche Gedanken wiederholen sich?
▷ Gibt es einen Schwerpunkt in meinen Texten?
▷ Was ist neu für mich?
▷ Gibt es etwas, womit ich mich weiter beschäftigen möchte?

Vermutlich machst du eine wichtige Erfahrung bei dieser Übung: Schreiben sortiert das, was im Kopf ist. Es hilft, Gedanken zu Ende zu denken und Klarheit zu bringen.

 ## Übung 4: Drei gute Gedanken

Eine weitere Miniaturübung für den Einstieg ist, täglich drei gute Gedanken zu finden. Die Konzentration auf Positives hat eine erstaunliche Wirkung auf uns, vor allem, wenn wir diese Übung täglich machen.

Setze dich jeden Tag möglichst zur gleichen Zeit für einige Minuten hin und denke an schöne Erlebnisse der letzten vierundzwanzig Stunden. Notiere drei solcher Momente, die für dich angenehm gewesen sind. Es können ganz kleine und kurze Momente sein, eine Begegnung oder eine Beobachtung, ein Gedankenblitz, ein Gespräch oder ein Gefühl.

Schöne Erinnerungen regelmäßig festzuhalten verändert dein gesamtes Empfinden. Du wirst schon bald spüren, wie die Freude und Dankbarkeit wächst. Probiere es aus. Lass dich nicht verunsichern, wenn dir nicht gleich passende Worte einfallen. Notiere dann einfach nur ein paar Stichworte.

Deine Texte kannst du zu einem späteren Zeitpunkt lesen oder weiterentwickeln. Schreiben ist ein kreativer Prozess, der Raum und Zeit braucht und reifen muss, wie eine Frucht. Bleib immer freundlich mit dir.

Aufschreiben hilft beim Denken. Es zwingt uns dazu, Ideen oder Vorschläge, die uns beschäftigen, auszuformulieren. Die diffusen Bilder in unseren Gedanken müssen wir konkretisieren und präzise ausdrücken. Wenn wir die Wörter dann vor uns sehen, fällt uns auf, wenn etwas unschlüssig ist oder nicht zusammenpasst. Die Gedanken werden klarer.

Übung 5: Das hat heute gut geklappt

Auch diese Übung funktioniert gut, wenn du sie täglich absolvierst. Setz dich jeden Abend für einige Minuten an einen ruhigen Platz. Besinn dich auf kleine oder große Dinge, die dir an diesem Tag besonders gut gelungen sind.

▷ Hat heute beim Mittagessen alles gepasst?
▷ Habe ich auf der Arbeit eine Aufgabe gut gemeistert?
▷ Habe ich eine lange und anstrengende Autofahrt sicher zurückgelegt?
▷ Hat mein Zeitmanagement gut geklappt?

Ruf dir deine positiven Momente beim abendlichen Schreiben noch einmal in Erinnerung. Du wirst sehen, dass sich dein Selbstvertrauen weiterentwickelt und deine Widerstandskräfte größer werden. Dieses Abendritual nutzen manche Leute ganz bewusst als Ausgleich zum hektischen und aufreibenden Alltag. Studien haben gezeigt, dass Menschen glücklicher werden, wenn sie über das Erreichen ihrer Ziele schreiben oder die Dinge notieren, über die sie sich Tag für Tag freuen. Deshalb ist es auch gut, sich Gedanken über die nächsten Ziele zu machen und diese aufzuschreiben.

Übung 6: To-do-Liste

Erstelle jeden Montag eine Liste mit den Aufgaben, die du dir für die kommende Woche vornimmst. Notiere nicht nur Pflichten und Termine, sondern auch alles, bei dem du dir Zeit für dich und andere nehmen möchtest. Ein Gespräch mit der Nachbarin und ein Saunabesuch mit einer Freundin gehören genauso in einen Wochenplan wie Arzttermine und Einkäufe. Streiche im Laufe der Woche nach und nach ab, was du erledigst hast. Wenn Aufgaben offen bleiben, schreibe diese am nächsten Montag wieder auf deine Liste.

Übung 7: Was ich mag

Was magst du? Was gefällt dir gut? Fertige eine Liste an und beginne mit einem immer wiederkehrenden Satzanfang wie mit einem Mantra.

Ich mag es,
wenn …
Ich mag es,
wenn …
Ich mag es,
wenn ….
Ich mag es,
wenn …
Dann ….

Vielleicht magst du es, wenn jemand den Arm um dich legt. Vielleicht magst du es, wenn du mit der Person spazieren gehst. Vielleicht magst du es, wenn die Person von sich erzählt. Vielleicht bist du dann ganz bei dir und deine Gedanken können zu der anderen Person verreisen.

Durch Übungen dieser Art trainierst du deine Wahrnehmung und Achtsamkeit. Du wirst bald merken, dass du dich besser kennenlernst und vielleicht sogar Probleme leichter lösen kannst. Bereite deiner Kreativität täglich einen roten Teppich. Lade deine Worte zu dir ein. Tag für Tag.

Passende Worte
für Gedanken und Gefühle finden

Gefühle helfen uns bei der Orientierung in einer immer komplizierter werdenden Welt. Lange bevor wir es verstehen, sendet unser Körper Wohlgefühl oder Unbehagen aus. Es ist eine Herausforderung, sich Gefühle bewusst zu machen, die uns in besonderen Situationen begleiten, und diese dann auch noch zum Ausdruck zu bringen. Es erfordert große Konzentration, die eigenen Gedanken zu sammeln und festzuhalten. Die richtigen Worte für Gefühle zu finden, braucht etwas Übung. Lass dich nicht verunsichern, wenn es nicht gleich klappt. Nimm die Herausforderung an. Das Notieren der eigenen Gedanken und Gefühle aktiviert das Gehirn und kann dazu führen, im Beruf erfolgreicher und im alltäglichen Leben glücklicher zu werden. Engagement und Ausdauer tragen dazu bei, dass es auch gelingen kann. Irgendwann müssen wir raus aus der Komfortzone, wenn wir uns entwickeln möchten. Vielleicht helfen dir die nächsten Übungen dabei. Habe Mut. Es lohnt sich.

Übung 8: Den Kopf frei bekommen

Suche dir einen Platz, an dem du dich wohlfühlst: Bei schönem Wetter ist das vielleicht der Garten, Balkon oder Park. Im Winter kann es ein Platz im Café, zu Hause auf dem Sofa mit einer Wolldecke oder am Kamin sein. Leg dein Schreibzeug bereit.

Was bewegt dich in dem Augenblick? Was beschäftigt dich oder lässt dich gerade einfach nicht los? Schreibe alles auf, was dir einfällt. Nimm das, was sich in deinem Kopf tummelt und bring es aufs Papier. Betrachte deine Gedanken wie getragene Kleidungsstücke, die gewaschen, getrocknet, gebügelt, zusammengelegt und weggeräumt werden. Räume auf, indem du auch deine Gedanken und Themen hervorholst, betrachtest, klärst, verpackst und ablegst.

Wenn du diese Übung mit einer gewissen Regelmäßigkeit machst, merkst du bald, dass du dich besser konzentrieren kannst und dein Gehirn die vielen Gedankenstränge leichter zusammenfassen und ablegen kann.

Dein Gehirn verlangt nach einer Ordnung. Du kannst es dir wie eine aufgeknackte Walnuss vorstellen, in der du zwei gleiche Hälften erkennst. In der einen Gehirnhälfte sind das rationale und analytische Denken sowie das Dekodieren von Schrift und Sprache und der Bedarf nach Strukturen untergebracht. In der anderen Hälfte des Gehirns hat die Fantasie ihren Platz und lässt zu den Texten die entsprechenden Bilder und Gefühle entstehen.

Selbst bekannte Menschen aus der Wirtschaft oder Autoren sehen im Festhalten von Notizen eine Notwendigkeit. Manche haben immer ein kleines Heft dabei und schreiben ihre Gedanken und Eindrücke auf. Manche machen sich Skizzen zu Gesprächen oder bringen Ideen zu Papier, damit sie den Kopf frei bekommen und nichts in Vergessenheit gerät. Manche halten ihre Stimmungen und Gefühle fest. Für alle ist es wichtig, das Aufgeschriebene irgendwann zu ordnen und schließlich zu verfeinern.

Übung 9: Den Ärger von der Seele schreiben

Schreibe alles auf, was dich ärgert. Damit schadest du niemandem. Trau dich einfach. Die Gedanken, die dich manchmal fast platzen lassen, brauchst du nicht mit dir herumzutragen. Schreibe auf, was dich zornig macht und verringere damit deine Wut. Bewahre alle Texte auf, auch wenn sie nicht sorgfältig oder kunstvoll niedergeschrieben sind. Es hat sich gezeigt, dass die Vergangenheit mit einem gewissen Abstand ein neues Gesicht bekommen kann. Lies irgendwann „alte" Texte noch einmal in Ruhe und betrachte die Dinge aufs Neue.

Vielleicht kommentierst du deine eigenen Texte mithilfe dieser Leitfragen:

▷ Wie geht es mir jetzt?
▷ Ärgere ich mich immer noch über den Vorfall?
▷ Hat sich mein Zorn in Luft aufgelöst?
▷ Habe ich das Problem inzwischen lösen können?

Manchmal bricht etwas auf, was dir unbequem ist und was dir Schmerzen bereitet. Gerade dann kann Schreiben ein gutes und ungefährliches Ventil sein. Wenn der Kummer auf dem Papier steht, belastet er den Kopf nicht mehr so stark. Durch das Niederschreiben kannst du dich von bedrückenden Erlebnissen befreien. Das wirkt sich positiv auf deine Gesundheit aus und hat auf dein Immunsystem einen guten Einfluss.

Das Gehirn vergisst Frustrationen, Wut, Ängste oder Gewalt nicht. Aber du hast die Möglichkeit, negative Erinnerungen schreibend zu verarbeiten und anschließend in dein „Archiv" zu verbannen.

Manchmal sind mehrere Problemfelder gleichzeitig im Gehirn aktiv. Die Gedanken fliegen von einer Baustelle zur nächsten. Unsere Konzentration nimmt immer weiter ab. Normalerweise können wir die vielen Informationen, die unser Gehirn jeden Tag verarbeitet und speichert, nach und nach dort archivieren. Doch wenn Problemfelder uns immer wieder daran hindern, unsere Gedanken zu ordnen, tut es unserer Gesundheit nicht gut. Dann entsteht Stress. Das Aufschreiben kann helfen, Baustellen zu bearbeiten und endgültig abzuschließen.

🖋 Übung 10: Aus der Quelle meiner Träume schöpfen

Träume sind das Gegenteil von Wirklichkeit. Unsere bewussten Lebensträume zeigen unsere Hoffnungen und Wünsche. Sie spornen uns an, Ziele zu verfolgen und Wege zu finden, diese Träume wahr werden lassen.

Der nächtliche Traum dagegen besteht aus nicht steuerbaren, unbewussten Bildern, die uns im Moment des Träumens wie echte Erlebnisse vorkommen. Der Nachttraum ist ein notwendiger und immer wiederkehrender Umbauprozess unseres Gehirns, ohne den wir nicht leben können. Manche Menschen erinnern sich an das, was sie im Schlaf geträumt haben.

Aber wir träumen auch tagsüber. In ruhigen Minuten entfliehen wir auf diese Weise mehrmals täglich dem realen Leben, lassen unseren Geist herumwandern, ohne dabei zu schlafen. Tagträumend ist unser Gehirn in einem besonders kreativen Zustand, der uns einen Zugang zu unserem tiefsten Inneren ermöglicht. Das sonst kaum wahrnehmbare Unterbewusste öffnet uns eine Tür zu einer anderen Welt.

Diese Tagträume können für das Schreiben eine unerschöpfliche Quelle werden. Spielend leicht verlassen wir für einige Momente Raum und Zeit, überschreiten Grenzen und erproben Neues, Ungewöhnliches, Gefährliches und sogar Unmögliches – alles ohne Schaden zu nehmen. Unser Geist ist im Tagtraum mutig, fantasievoll, verspielt und frei.

Suche dir mehrmals am Tag für ein paar Minuten einen angenehmen Ort zum Träumen und Schreiben, an dem du für eine Weile Ruhe hast. Lege Papier und Stift bereit und lass dich nieder, atme tief durch und schließe die Augen. Versuche dich in einen Tagtraum fallen zu lassen. Lass alle Bilder auf dich zukommen, ganz egal, welche es sind, bleib neugierig auf deine innere Welt und bewerte nicht, was dir begegnet. Es sind deine eigenen Bilder und Eindrücke, die mit nichts anderem zu vergleichen sind. Schwelge und verweile solange du magst.

Wenn du nach einiger Zeit zurückkommst und die Augen öffnest, spüre nach und schreibe möglichst spontan und fließend über das, was du gerade erlebt hast.

Vielleicht hilft es dir am Anfang, die Situationen im Kopf zu visualisieren und vor dem Aufschreiben durch Symbole oder Strichmännchen zu skizzieren. So kannst du die Vorstellungen oder Eindrücke erst einmal festhalten und danach verschriftlichen.

Das Tagträumen muss dir nicht gleich beim ersten Versuch gelingen. Lass dir Zeit. Es erfordert etwas Training, sich den inneren Bildern hinzugeben und einfach alles geschehen zu lassen. Probiere geduldig immer wieder, und du wirst sehen, dass sich diese Reise lohnt. Mit der Zeit kannst du versuchen, vorsichtig Einfluss auf deine Tagträume zu nehmen. Mit Tagträumen kann man dem Leben entfliehen und sich auch zu etwas hinträumen.

Beim bewussten Tagträumen können wir neue Lebensperspektiven und Visionen entwickeln. Vielleicht entdeckst du noch ungeahnte Handlungsmöglichkeiten und erkennst, wofür du Verantwortung übernehmen könntest oder möchtest. Manchmal ergibt sich aus solchen träumerischen Visionen eine echte Neuausrichtung für das eigene Leben.

Habe Mut zu träumen, denn Träume können Kraft spenden und neue Wege zu einem sinnerfüllten Leben aufzeigen. Sie haben eine lange Tradition und auch Martin Luther King hat in einer Rede gerufen: „Ich habe einen Traum, dass meine vier kleinen Kinder eines Tages in einer Nation leben werden, in der sie nicht wegen der Farbe ihrer Haut, sondern nach dem Wesen ihres Charakters beurteilt werden." Er hat damit seine Visionen von einer besseren Welt zum Ausdruck gebracht. Träume sprechen die Sprache der Hoffnung – in einer Zeit, in der es uns so oft an Sinn und Perspektive mangelt.

🍵 Übung 11: Einen Freundschaftsbrief an mich selbst

Schreibe dir selbst als deine beste Freundin oder dein bester Freund einen Freundschaftsbrief. Das hört sich vielleicht seltsam an, es ist aber ein Versuch wert. Betrachte dich selbst mit einem gewissen Abstand und einer freundschaftlichen Einstellung. Schreibe dir zum Beispiel, was dich zu einem ganz besonderen Menschen macht. Du musst nicht heucheln, sondern kannst ehrlich deine starken Seiten benennen.

Vielen fällt es schwer, sich selbst zu loben. Wie schade, denn wenn wir uns unserer eigenen Stärken bewusst werden, können wir auch die guten Seiten anderer wertschätzen. Stärke mit dieser Übung dein Selbstvertrauen. Tatsächlich sind Menschen mit gesundem Selbstvertrauen oft besonders sozial und empathisch. Schreibe dir, dass du liebenswert bist. Damit machst du es auch anderen leicht, dich zu lieben.

Vielleicht hilft es, wenn du beim Freundschaftsbrief an dich selbst diese oder ähnliche Fragen im Hinterkopf behältst:
▷ Was macht mich liebenswert?
▷ Welche Eigenschaften schätzen andere an mir?
▷ Was kann ich besonders gut?
▷ Was haben andere an mir noch nicht entdeckt?

Übung 12: So bin ich

Schreibe über dich selbst. Verfasse einen kurzen Text oder eine Sammlung mehrerer einzelner Sätze, in denen du zum Ausdruck bringst, wie du dich selbst siehst, welche Eigenschaften du hast, was du besonders gut kannst und was deine Persönlichkeit insgesamt ausmacht. Hier sind drei Beispiele, mit einem Text zu beginnen:

Ich bin ein temperamentvoller, lebensfroher und kreativer Sonnenschein. Was ich nicht leiden kann, ist Ungerechtigkeit...

Mein Charakter ist nicht leicht zu beschreiben, denn er vereint viele Facetten. Aber genau deshalb bin ich ein interessanter und kein langweiliger Mensch ...

Jeden Morgen, wenn ich aufstehe, freue ich mich, dass es mich gibt. Am liebsten möchte ich gleich die ganze Welt umarmen ...

Übung 13: Mein Tagesablauf

Eine gute Übung für den Anfang ist, einen Tag, den du heute gerade erlebt hast, in Stichworten festzuhalten. Geh in Gedanken zurück und notiere, was du heute gemacht hast. Wenn du fertig bist, geh alles noch einmal durch und ergänze zu den einzelnen Momenten, wie du dich in der jeweiligen Situation gefühlt hast. Verfasse nun mit Hilfe deiner Notizen eine kleine Tageserzählung in ganzen Sätzen. Unwichtiges darfst du weglassen oder kürzen. Es geht bei dieser Übung nicht um Vollständigkeit sondern um Achtsamkeit. Für bedeutende Erlebnisse oder Gefühle nimm dir ruhig etwas mehr Zeit.

Für unsere Gehirnaktivität ist es gut, wenn wir den Ablauf eines Tages reflektieren oder ihm noch einmal schreibend nachspüren. Wir machen uns die einzelnen Situationen, in denen wir gewesen sind, sowie unsere Gefühle und unsere Eindrücke bewusst. So verankern wir all das in unserem Gehirn.

Übung 14: Wie komme ich zu meinem Namen

▷ Weißt du, woher du deinen Vornamen hast?
▷ Wer hat über deinen Namen entschieden?
▷ Warum haben dir deine Eltern diesen Namen gegeben?
▷ Hast du mehrere Namen und wenn ja, warum?
▷ Gibt es Kosenamen oder Kurzformen?
▷ Magst du deinen Namen?
▷ Was weißt du über deinen Nachnamen?
▷ Woher stammt er?
▷ Was bedeutet er?
▷ Was hast du mit deinem Namen bisher erlebt?
▷ Wie wichtig ist dir dein Name?

Schreibe auf, was dir darüber bekannt ist und was du vermutest. Vielleicht kennst du die Bedeutung deines Vornamens.

Jeder Mensch hat einen Vor- und einen Nachnamen. Der Vorname wird auch als Rufname bezeichnet. Der Nachname wird auch als Familienname bezeichnet.

Das war nicht immer so. Vor vielen hundert Jahren hatten die Menschen in Europa nur einen Vornamen. Die Eltern bestimmten die Namen der Kinder. Häufige Namen waren zu der Zeit Wilhelm, Johann, Leopold, Maria, Elisabeth, Hildegard, Karl, Katharina, Friedrich und andere. Nach und nach entstanden immer mehr Städte, in denen Menschen auf engem Raum zusammenlebten. Dadurch kamen in einem Haus und in der Stadt einige Vornamen mehrmals vor. Um Verwechslungen zu vermeiden, musste dann ein zusätzlicher Name vergeben werden. Menschen mit dem gleichen Vornamen bekamen manchmal einen Nachnamen, der sich allein durch die äußere Er-

scheinung ergab. So hieß ein kleiner Friedrich dann Friedrich Klein. Ein großer Friedrich wurde Friedrich Groß genannt. In einigen Gegenden wurde Friedrich, der Sohn des Johann, ganz einfach Friedrich Johannson genannt. Wilhelm, der Sohn des Karl, hieß dann Wilhelm Karlsson. Auf den Bauernhöfen gab es Nachnamen wie Oberhof, Niederhof oder Unterhof. Wenn bei mehreren Söhnen ein Bauernhof aufgeteilt wurde, dann wurden diese Namen vergeben. Manche Nachnamen wurden durch Berufe oder durch eine Tätigkeit bestimmt. Wilhelm, der Sohn des Schusters, hieß nun Wilhelm Schuster. Maria, die Tochter des Fassbinders, hieß nun Maria Fassbinder.

Wenn du mehr über die Bedeutung von Vor- oder Nachnamen wissen möchtest, dann recherchiere doch mal im Internet. Namen haben viel mit unserer Identität, unserem Selbstverständnis und der Zugehörigkeit zu anderen zu tun. Das zeigt auch diese kleine Geschichte, die Kindern vorgelesen werden kann:

Jeder hat einen Namen

Eine kleine Meise saß traurig auf einem Ast. „Wer bin ich?" fragte sie laut.

„Du bist du", erwiderte das Eichhörnchen.

„Ich möchte aber wissen, wie ich heiße?", fragte der kleine Vogel.

„Mach dir nicht so viele Gedanken. Du bist du. So einfach ist das. Du musst jetzt erwachsen werden und dein eigenes Leben führen. Du kannst hier nicht nur sitzen und jammern", antwortete das Eichhörnchen und hüpfte zum nächsten Ast.

Die Meise blieb auf dem Ast sitzen und weinte jämmerlich.

„Kann man hier nicht in Ruhe schlafen", schimpfte eine Eule und schaute aus ihrer Baumhöhle.

„Entschuldige bitte, liebe Eule, aber ich möchte nur wissen, wie ich heiße", sagte die kleine Meise leise.

„Tja, das ist nicht so einfach. Wir müssen erst herausfinden, wer deine Eltern sind. Dann können wir sie fragen, welchen Namen sie dir gegeben haben", meinte die Eule.

„Ich habe gesehen, dass dieses kleine Wesen seinen ersten Flugversuch gemacht hat und nicht mehr zu seinem Nest zurückgefunden hat", sagte der Eichelhäher, der sich auf den Ast zu den Tieren gesetzt hatte.

„Weißt du, auf welchem Baum das Nest ist", fragte die Eule.

„Das Nest ist auf einer der Buchen dort hinten", meinte der Eichelhäher und drehte den Kopf in die Richtung. „Ich mache mich mal auf die Suche. Vielleicht finde ich die Eltern."

Es dauerte nicht lange, da kam der Eichelhäher zurück, und die Eltern des kleinen Vogels begleiteten ihn. Die beiden großen Meisen begrüßten ihren Nachwuchs sehr herzlich. Sie hatten die kleine Meise schon vermisst und wussten nicht, wo sie geblieben war.

„Ich möchte wissen, wie ich heiße", sagte sie zu ihren Eltern und begrüßte sie freudig.

Die beiden erwiderten: „Wir hatten beschlossen, dass wir dich Fridoline nennen, weil der Name wie eine liebliche Melodie klingt. Aber bevor wir es dir sagen konnten, warst du verschwunden."

Jetzt war die kleine Meise sehr glücklich. Sie hüpfte auf dem Ast hin und her und zwitscherte so laut sie konnte. Nun wusste sie, dass ihr Name Fridoline war. Noch einige Tage wohnte sie bei ihren Eltern. Doch dann flog sie weit weg und gründete selbst eine eigene Familie ...

Du kannst mit den Buchstaben deines Namens spielen und andere Wörter zusammensetzen.

Du kannst eine Geschichte erfinden, die etwas mit deinem Namen zu tun hat. Du kannst aufschreiben, was du bisher mit deinem Namen erlebt hast oder wie Leute auf deinen Namen reagieren.

Übung 15: Was mich bewegt und beschäftigt

Unser Kopf und unser Herz sind meistens voller Eindrücke, Gedanken und Gefühle. Es scheint oft ein großes Durcheinander zu sein. Wo soll man anfangen, wenn man das alles zu Papier bringen möchte?

Am Anfang können Leitfragen helfen, deren Beantwortung uns wie an einem Geländer auf den Weg zu uns selbst führt. Dabei müssen nicht alle der folgenden Fragen akribisch beantwortet werden. Suche dir etwas aus. Beginne mit den einfachsten Fragen und schreibe spontan ohne zu grübeln auf, was dir einfällt.

▷ Welche Gedanken gehen mir gerade durch den Kopf?
▷ Welche Menschen sind für mich besonders wichtig?
▷ Was hat mich schon heute Morgen fröhlich gestimmt?
▷ Was hat mich nachdenklich gemacht?
▷ Quälen mich Sorgen?
▷ Was habe ich gestern Nachmittag gemacht?
▷ Worüber habe ich heute nachgedacht?
▷ Denke ich noch über etwas nach, was gestern war?
▷ Mit welchem Gefühl habe ich heute das Haus verlassen?
▷ Welche Stimmung habe ich jetzt gerade?
▷ Worauf freue ich mich?
▷ Mit welchem Menschen komme ich gut aus? Und warum?
▷ Worauf habe ich heute keine Lust?
▷ Wen möchte ich heute gerne treffen?
▷ Mit wem komme ich gar nicht klar? Und warum?
▷ Wie geht es mir gesundheitlich?
▷ Wer war heute schon besonders aufmerksam zu mir?

Wenn wir über das schreiben, was uns bewegt, werden unsere Selbstheilungskräfte gestärkt. Wir lernen uns durch diese Übung immer besser kennen und verarbeiten Schwierigkeiten leichter.

Im Alltag nehmen wir unsere Umwelt mit allen Sinnen wahr. Unser Gehirn erfasst die unterschiedlichen Sinnesreize und verknüpft sie miteinander. Wenn wir uns Zeit dafür lassen, erfassen wir eine Situation aus unterschiedlichen Perspektiven und können ins Staunen geraten.

Mit unseren Sinnen erreichen uns ständig neue Informationen aus unserer Umgebung und aus unserem Inneren. Im Normalfall konzentrieren wir uns auf das, was uns wichtig erscheint. Das Gehirn selektiert und gibt nur die Informationen weiter, die wir im Augenblick benötigen. Wir können unsere Wahrnehmung aber auch steuern, sie an eine Stelle führen und dort verweilen. Damit werden wir achtsamer.

Es ist nicht leicht, das in Worte zu fassen, was wir wahrnehmen. Manchmal helfen uns Metaphern, das sind bildhafte Vergleiche. Metaphern haben für unsere Sprache eine große Bedeutung, denn Menschen denken in Bildern. Sobald uns jemand etwas erzählt oder wir etwas lesen, was uns interessiert, entfalten wir innere Bilder. Oft werden Redewendungen auf die Sinne bezogen und bildhaft beschrieben. Hier sind einige Beispiele:

Mit geht ein Licht auf.
Das klingt gut.
Ich will das Problem in den Griff bekommen.
Das riecht nach Arbeit.
Wir machen den Weg frei.
Ich habe die Nase vorn.
Das ist doch Schnee von gestern.
Niemand kann ihm das Wasser reichen.
Wir wollen die Mauer des Schweigens brechen.
Er tritt das Recht mit Füßen.
Sie steckt den Kopf in den Sand.

Sprachbilder aktivieren, motivieren und beleben die Kommunikation. Gleichzeitig tragen sie dazu bei, komplexe Zusammenhänge verständlich zu erklären.

Konzentriere dich auf deine Wahrnehmung. Beachte nach und nach alle Sinne, die du hast. Was nimmst du wahr?

Welcher Duft dringt dir in die Nase? Ist es ein bekannter Duft? Ist er angenehm? Kannst du das in Worten ausdrücken?

Welche Geräusche erreichen deine Ohren? Welche sind nah, welche fern. Finde Worte für das, was du hörst.

Was schmeckst du? Formuliere deine Wahrnehmung.

Was siehst du, wenn du den Blick schweifen lässt? Welche Farbtöne, welche Gegenstände oder Lebewesen kannst du ausmachen? Versuche, sie zu beschreiben.

Finde Worte für die Berührungen, die du spürst. Was lösen sie in dir aus?

Was nimmst du in deinem Inneren war. Welche Gedanken hast du? Welche Gefühle erfassen dich? Wo spürst du sie? Beschreibe sie.

Hier findest du zwei Geschichten in denen es um intensive Sinneswahrnehmungen geht.

Erstes Beispiel:

Die Blumeninsel

Die kleine Fee Florina lebte auf einer kleinen Insel weit draußen im Ozean. Florina hatte einen großen Garten mit vielen bunten Pflanzen. An einem Tag im Jahr schenkte sie allen Lebewesen auf der Insel eine Blume. Als ein Hase vorbeikam, sagte sie zu ihm: „Ich schenke dir

*eine grüne Blume. Sie soll dich an eine immergrüne Wiese erinnern,
die dir einen Teppich bereitet." Da kam ein Schmetterling vorbei. Sie
sagte zu ihm: „Ich schenke dir eine gelbe Blume. Sie soll dich an den
honigsüßen Nektar erinnern, der dir Nahrung gibt." Als ein Vogel
vorbeiflog, rief sie ihm zu: „Ich schenke dir eine blaue Blume. Sie soll
dich an den zarten Wind erinnern, der dich durch die Lüfte trägt."
Nun hüpfte ein Frosch vorbei. Sie flüsterte ihm zu: „Ich schenke dir
eine weiße Blume. Sie soll dich an das saubere Bachwasser erinnern,
dass dir deinen Lebensraum gibt." Schließlich kam ein Reh vorbei.
Sie sagte zu ihm: „Ich schenke dir eine rote Blume. Sie soll dich an das
flammende Abendrot erinnern, das über dir wacht."*

*Am nächsten Tag kamen der Hase, der Schmetterling, der Vogel, der
Frosch und das Reh zu der kleinen Fee. Sie hielten ihre Blumen in
der Hand und wollten sich bei Florina für das Geschenk bedanken.
Da wurden sie von einem gewaltigen Staunen ergriffen. Die grüne,
gelbe, blaue, weiße und rote Blume verschmolzen zu einem betören-
den Blumenmeer, wie sie es nie schöner gesehen hatten. „Das muss
das Paradies sein", meinten alle Tiere wie aus einem Munde.*

Zweites Beispiel:

Wie der Honigkuchen entstand

*Als die Hirten auf dem Felde den Stern von Bethlehem sahen, machten
sie sich schnell auf den Weg zur Krippe. Vor Freude vergaßen sie, dass
sie Brot im Backofen hatten. Erst auf dem Rückweg erinnerten sie sich
daran. Sie erwarteten, dass es völlig verbrannt sei. Als sie aber den
Backofen öffneten, da strömte ihnen ein außergewöhnlich süßer Duft
entgegen. Vorsichtig probierten sie den völlig schwarz gewordenen Teig.
Statt des verkohlten Brotes hielten sie ein bisher unbekanntes liebliches
Gebäck in den Händen. Sie brachen es in viele kleine Stücke und machten anderen Menschen eine Freude damit. Zur Erinnerung an dieses
Wunder begannen sie jedes Jahr zur Weihnachtszeit kleine würzige
Honigkuchen zu backen, außen dunkel und unansehnlich wie der Stall,
aber innen voller Süße wie das dortige Geschehen.*

Übung 17: Einkaufszettel

Auch mit der nächsten Übung stärken wir unsere Achtsamkeit gegenüber immer wiederkehrenden alltäglichen Dingen. Du kannst diese Übung mit verschiedenen Alltagsroutinen machen, zum Beispiel beim Autofahren, Arbeiten, Kochen oder Einkaufen.

Mache dir zum Beispiel in allen Einzelheiten bewusst, was du beim letzten Einkauf gemacht und erlebt hast, und schreibe es auf. Die nachfolgenden Fragen helfen dir dabei.

▷ Wann und wo war mein letzter Einkauf?
▷ Was wollte ich besorgen?
▷ Wie lange habe ich gesucht?
▷ Welche Regale und Waren habe ich gesehen?
▷ Was ist mir dabei durch den Kopf gegangen?
▷ Was habe ich erlebt?
▷ Was habe ich gefühlt?
▷ Welche Menschen waren dort?
▷ Wie viel habe ich bezahlt?
▷ Womit habe ich bezahlt?

Übung 18: Von einem Bild inspirieren lassen

Wir leben in einer Welt voller Bilder. Nehmen wir sie aber auch bewusst wahr? Unser Gehirn selektiert stark und lässt nur das zu, was uns gerade beschäftigt. Damit schützt es uns vor einer Überflutung. Wenn wir uns auf ein Bild einlassen möchten, ist es wichtig, sich Zeit für eine Betrachtung zu nehmen.

Wähle ein Bild, das in deiner Wohnung an der Wand hängt, ein Foto auf deinem Smartphone oder eine Illustration aus einer Zeitschrift. Mache dir die Entscheidung nicht schwer, denn es ist nicht so wichtig, welches Bild du nimmst. Nimm dir nur Zeit, vor diesem Bild zu verharren und es genau zu betrachten. Vielleicht helfen dir einige der folgenden Leitfragen:

▷ Was siehst du?
▷ Was denkst du?
▷ Welche Personen, Gegenstände, Farben oder Figuren kannst du erkennen?
▷ Was passiert dort?
▷ Welche Gefühle löst es bei dir aus?
▷ Was verbindest du mit dem Dargestellten?

Wenn dir nichts mehr dazu einfällt, dann warte einen Moment und schaue noch einmal genau hin. Siehst du etwas, was dir bisher nicht aufgefallen ist?

Nimm nun Stift und Papier und schreibe deine Entdeckungen, Gedanken und Gefühle auf. Du hast vielleicht gemerkt, dass diese Übung Raum für Gedanken schafft und auch deine ästhetische Wahrnehmung stärkt. Mit Kalenderblättern, Zeitungsausschnitten oder speziellen Ordnern in deinem Smartphone kannst du dir eine Bildersammlung für diese Übung anlegen.

Übung 19: Gut beobachtet

Du findest hier noch eine Übung für Achtsamkeit und Wahrnehmung. Für das Schreiben ist die Beobachtung der Natur außerordentlich wichtig. Alles, was wir bewusst und detailliert registrieren, kann zu wertvollem Material für unsere Kreativität werden. Das gilt auch für die Tiere und Pflanzen, die uns umgeben.

▷ Hast du heute schon einen Blick in einen Garten geworfen?
▷ Hast du einen Vogel beim Nestbau, Picken oder Fliegen beobachtet?
▷ Hast du den Duft einer Blüte oder Pflanze eingeatmet?

▷ Was hast du heute schon in der Wohnung oder vor der Tür beobachtet? Einen Käfer, der sich in der Wohnung verlaufen hat, eine Biene im Bad, eine Maus im Vorgarten, einen Löwenzahn in einer Asphaltritze oder ein Eichhörnchen im Stadtpark?

Vielleicht regen dich diese Fragen an, über eine deiner Beobachtungen spontan einen kleinen Text zu verfassen. Was hast du gesehen, gerochen, gehört, gespürt, gedacht und gefühlt? Fasse deine Sinneseindrücke in Worte.

Schreiben setzt viele Kräfte frei. Es stärkt die Achtsamkeit und die Wahrnehmung. Es kann Mut machen, heilen, stärken, beleben und manchmal sogar Flügel verleihen.

Übung 20: Umarme die Nacht

Nutze deine Nächte zum Schreiben, wenn du nicht schlafen kannst. Anstatt vergeblich zu versuchen, wieder einzuschlafen, kannst du aufstehen und dich an deinen Schreibplatz setzen. Mache es dir bequem und ärgere dich nicht. Umarme diese Nacht.

Viele Schriftsteller und Schriftstellerinnen schreiben nur in der Nacht, denn da kommen sie gut zur Ruhe. Probiere aus, wie es bei dir ist. Schreibe in schlaflosen Nächten darüber, was dich wachhält. Sei in deinen Texten immer gut zu dir.

▷ Was brennt dir auf der Seele?
▷ Was geistert in deinem Kopf herum?
▷ Was wünschst du dir?
▷ Was möchtest du verändern?

Das Gehirn hat einen Drang, die Dinge zu ordnen und irgendwo abzulegen. Das Schreiben kann dir helfen, deine Gedanken zu sortieren, den Kopf frei zu bekommen und dabei achtsam mit dir umzugehen.

Durch das Lesen
zum Schreiben kommen

Schreiben ist eine elementare Kulturtechnik, gehört zu unseren Grundfertigkeiten und ist ein sehr komplexer geistiger Prozess. Die Geschichte des Schreibens ist untrennbar mit der Geschichte der Schrift verbunden. Das Aufschreiben von Gedanken oder Informationen kann nur in der Sprache geschehen, die uns vertraut ist. Lesen und Schreiben gehören eng zusammen, ja, sie bedingen einander. Lesen regt zum Schreiben an.

Du kannst dich nach dem Schreiben wieder einem Buch zuwenden und es lesen. Dieser Wechsel macht dich aufmerksamer für das, was und wie andere schreiben. Wenn es beim Schreiben mal nicht so recht weitergehen will, dann hol dir beim Lesen Anregungen. Konzentriere dich auf das Buch. Achte darauf, was das Besondere am Stil des Autors oder der Autorin ist. Ist es die Wortwahl? Sind es die Satzkonstruktionen oder die Beschreibungen der Dialoge?

Versuche, einen bestimmten oder mehrere unterschiedliche Stile nachzuahmen. Dafür reichen schon einige Zeilen. Betrachte es wie eine Fingerübung, mit der du das Repertoire deiner Ausdrucksmöglichkeiten Schritt für Schritt erweiterst. Versuche, beim Schreiben genau zu werden.

Dein Ziel sollte sein, dass deine Leser aufmerksam werden und dem, was du sagen willst, nachspüren können. So entwickelst du mit der Zeit deinen eigenen sprachlichen Ausdruck.

Übung 21: Dialog mit einem Buch

Bücher können auch noch auf eine andere Weise als Anregung zum Schreiben genutzt werden. Schreibe einen Dialog mit dem Buch, das du gerade liest. Dazu kannst du nach jedem Kapitel ein paar Gedanken notieren. Welche Fragen stellen sich dir nach der Lektüre? Schreibe sie auf.

Wenn du einen Roman liest, dann kannst du einiges über die Figuren aussagen. Sind sie dir sympathisch? Sind sie dir nahe? Kannst du ihrem Leben und Leiden nachspüren? Interessiert dich, was ihnen geschieht und wie sie handeln? Was hast du beim Lesen gedacht oder gefühlt? Schreibe deine Erwartungen auf. Haben sie sich am Ende erfüllt?

Lesen leitet unsere Gedanken und Gefühle ganz unmittelbar. Wir fühlen uns zum Beispiel unterhalten, angeregt, getröstet, ermutigt, informiert, beraten, belehrt, aufgewühlt, betroffen, gelangweilt oder überredet. Die Bandbreite unserer emotionalen Reaktionen ist groß und vielfältig. Meistens ist uns das nicht bewusst. Wir tauchen ohne Anstrengung in andere Welten ein, werden mitgerissen und verstricken uns manchmal in fremden Schicksalen. Wir wechseln ohne nachzudenken die Perspektive und fühlen uns in andere Lebenssituationen ein. Das Lesen stärkt unsere Empathiefähigkeit, fördert unsere geistige Flexibilität und kann den Blick auf unser eigenes Leben schärfen. Das brauchen wir, um selbst schreiben zu können.

Lesen ist nicht nur ein rationaler Akt, sondern weckt in hohem Maße Gefühle. Die Inhalte von Büchern rühren uns oft an oder machen uns betroffen und nachdenklich. Seit jeher sind sie für viele Menschen eine Quelle wertvoller Erfahrungen und Erkenntnisse. In Büchern können wir Vorbilder finden, von anderen lernen und – wie über einen Zaun – in fremde Welten, Kulturen und Zeiten blicken. Mit den Geschichten und Erzählungen nehmen wir teil an den Erlebnissen anderer, sodass sich unsere Empfindungen und Gefühle mit jedem Buch weiter vertiefen.

Viele überdauernde Einsichten und Erkenntnisse aus Büchern haben schon nachfolgenden Generationen Orientierung gegeben und sind gerade in persönlichen und gesellschaftlichen Krisenzeiten hilfreich gewesen. Es gibt Geschichten, die modellhaft für gelingende Gemeinschaften stehen und zeigen, welch tiefe Einsichten, kluge Überlebensstrategien und vielfältige Wege zum Glück Menschen schon entwickelt haben. Bücher haben eine besonders nachhaltige Wirkung, wenn unsere ureigenen inneren Bilder zur Sprache kommen und damit auch unsere Ängste, Sehnsüchte, Wünsche und Träume.

Versenken wir uns in das Gelesene, führt das oft zu einer Art regenerierendem Vergessen und geistigem Atemholen. Unsere Psyche kann sich beim Abtauchen in Bücher befreien und erholen. Manchmal haben wir den Eindruck, in den Geschichten uns selbst wie in einem Spiegel zu sehen. Wir lernen durch Bücher, uns selbst und unsere Probleme distanzierter zu betrachten. Lesen ist daher auch immer eine Begegnung mit uns selbst, die uns hilft, neues Vertrauen in die Welt zu fassen und unseren Mut zum Leben zu stärken. Es führt im besten Fall zu frischem Gedankengut, anderen Einstellungen und neuen Sicht- und Verhaltensweisen. Wenn wir aufmerksam lesen und die Botschaften der Autoren aufnehmen und anwenden, können wir uns manche leidvolle Erfahrungen ersparen.

Welche Bücher bedeuten dir etwas und warum sind sie dir wichtig? Was hast du beim Lesen erfahren, was ist danach geblieben und welche Erkenntnisse hast du gesammelt? Liste die Bücher auf, die dir besonders am Herzen liegen und schreibe über deine Erfahrungen beim Lesen.

 ## Übung 23: Lieblingsautoren nachspüren

Informiere dich über deine Lieblingsautoren. Recherchiere im Internet.

▷ Was findest du über die Personen heraus?
▷ Warum schreiben sie?
▷ Was treibt sie an?
▷ Wo finden sie ihre Ideen für neue Werke?

Vielleicht bekommst du durch diese Spurensuche eine zündende Idee für das eigene Schreiben.

 ## Übung 24: Lesebiografie verfassen

Verfasse deine eigene Lesebiografie. Schreibe über die Bücher, die du in deiner Kindheit, Jugendzeit und als Erwachsener gelesen hast.

Welche Werke haben dich beeindruckt oder sogar geprägt?

▷ Hat dir jemand Geschichten vorgelesen, als du noch klein warst?
▷ Erinnerst du dich daran, wann du selbst begonnen hast, Bücher zu lesen?
▷ Welche Bücher waren das?
▷ Welche Bücher haben dich besonders beeindruckt?

Setze dich mit den Büchern auseinander, die dir viel bedeuten. Sammle Informationen zum Autor, seiner Zeit und dem Hintergrund des Buches. Halte deine Gedanken in deiner Lesebiografie fest. Hier ist ein Beispiel:

Meine erste Begegnung mit Geschichten war die mit den Märchenerzählungen meiner Mutter. Ich erinnere mich noch, wenn sie das dicke Buch der Brüder Grimm aufschlug und sie sich auf das Sofa setzte. Ich wusste, dass wir jetzt eine ganze Weile in Ruhe miteinander verbringen werden, meine Mutter, mein Bruder, das Märchenbuch und ich. Ich machte es mir auf der Rückenlehne bequem und konnte so in das Buch hineinsehen. Mein kleiner Bruder saß neben meiner Mutter.

Ich erlebte die Märchen als etwas Schönes und Begehrenswertes, weil sie durch die Sprache meiner Mutter zu mir gelangten. Aber es schwangen auch diffuse Gefühle mit, die mich faszinierten. Die Märchen lösten Angst aus und brachten sie zur Sprache. Diese Konfrontation wollte ich miterleben. Ich war entsetzt über die böse Stiefmutter, die Hänsel und Gretel hinaus in den Wald geschickt oder die mit dem Apfel ihre Tochter vergiftet hat. An der Stelle, als Schneewittchen sterben musste, weinte ich jedes Mal. Meine Tränen konnte aber niemand sehen, weil ich hinter meiner Mutter auf der Rückenlehne saß. Doch hören wollte ich die Stelle immer wieder und ich kannte sie schon fast auswendig. Ich wusste, dass im Märchen alles ein gutes Ende findet und die böse Stiefmutter bestraft wird. Dieses Wissen um die wiederhergestellte Gerechtigkeit bestärkte mein Vertrauen in die Welt. Ich fand Projektionen für meine Ängste, Sehnsüchte und Träume. Auf diese Weise konnte ich schon meine ersten Fragen menschlicher Entwicklung bearbeiten.

Lesen war in meiner Kindheit für mich das größte Freizeitvergnügen. Kinderbücher hatten für mich einen hohen Stellenwert und bestimmten einen Teil meines Lebens. Zu Weihnachten oder zum Geburtstag wurden immer einige meiner Wünsche erfüllt. Im Kinderfunk des NDR machte ich häufig beim Bücherquiz mit und bekam mehrmals ein Buch als Gewinn zugeschickt, sodass ich bald über einen Bestand verfügte.

Meine eigenen Bücher waren für mich so etwas wie Heimat. Nach einem Besuch bei Verwandten freute ich mich auf zu Hause, weil dort meine „Freunde" zwischen zwei Buchdeckeln saßen. Ich setzte mich sofort auf den Fußboden und las eine mir vertraute Geschichte. Die eigenen Bücher waren schnell ausgelesen. So suchte ich in der Kirchenbücherei nach neuem Lesestoff. Aber auch dieses Angebot war schnell ausgeschöpft. Doch dann gab es einen Bücherbus, der die einzelnen Stadtteile anfuhr. So hatten alle Bewohner der Stadt die Möglichkeit, Bücher auszuleihen. Bücher gaben meiner Fantasie Nahrung. Für mich war das Lesen wie Träumen. Durch meine Bücher war ich auf hohen Bergen, in tiefen Höhlen, in dichten Dschungeln, auf engen Pfaden, auf einsamen Inseln und auf den großen Weltmeeren. Ich bestand mit den Handlungsfiguren gefährliche Abenteuer und stellte die verrücktesten Sachen an, ohne Schaden zu nehmen, und ich veränderte die Welt.

Mit den Kinderbüchern erlebte ich, wie es ist, wenn man sich auf den Weg macht, die Welt und sich selbst zu erkunden. Mit ihnen verließ ich immer wieder meine eigene „sichere Existenz", um meine eigenen Fähigkeiten erproben zu können. Mit den Kindern in diesen Büchern drang ich in düstere Burgen ein, kletterte auf hohe Berge, erforschte verzweigte Höhlen und weilte am Meeresgrund. So lernte ich durch sie meinen Willen zur Tat, und ich erfuhr, dass man sein Ziel erreicht, wenn man seinen Weg konsequent, aber umsichtig genug verfolgt.

Diese Leseerfahrungen eröffneten in mir Möglichkeiten, die mir Hoffnung und Sinn in meiner menschlichen Existenz gaben. Meine Statusunsicherheit als Kind kompensierte ich durch die Identifikation mit den jungen Helden. Durch sie wurden mein Selbstbewusstsein und mein Mut zum Handeln gestärkt. Mein Weltbild bekam eine klare Ordnung, denn der Böse wurde bestraft und das Gute überlebte. Die unterschiedlichen Orte wie Höhle, Insel oder Berg waren Symbole für den Rückzug und die Distanz zu den Großen. Vor allem waren es Kinder, die gegenüber Erwachsenen Mut und Entschlusskraft bewiesen. So verhalf mir gerade das mutige Auftreten dieser jungen Protagonisten zur weiteren Entwicklung.

Mit den Nachbarskindern spielte ich viele Abenteuer nach und übte im Rollenspiel, mit anderen in einen Dialog zu treten und Positionen zu vertreten. Wir gründeten Detektivbanden, hielten die Augen auf, notierten „verdächtige" Autokennzeichen, suchten nach „Indizien" und dichteten ganz spontan Vierzeiler genau wie Dicki aus den Büchern von Enid Blyton.

Die Bücher von Erich Kästner Das doppelte Lottchen, Emil und die Detektive, Das fliegende Klassenzimmer las ich gleich mehrfach. Für die Handlungsfiguren empfand ich starke Empathie, und sie wurden in mir mit ihrer emotionalen Ausstrahlung lebendig. Während des Lesens versank ich in meinen Büchern und vergaß die Welt um mich herum. Ich las alles, was ich in die Finger bekam. Auch vor dicken Wälzern und fremden Themen schreckte ich nicht zurück. Erwartungsvoll machte ich mich immer wieder zu neuen Leseabenteuern auf und war mit Nils Holgersson, Mogli, Münchhausen, Gulliver, Robinson Crusoe, Klaus Störtebecker, dem Zauberer von Oz, dem Gespenst von Canterbury und anderen unterwegs. Stellvertretend bewältigten die Protagonisten gefährliche Situationen, und ich nahm dabei keinen Schaden. Ebenso habe ich die rauen und harten Abenteuer des edlen Apatschen Winnetou und seines tapferen Blutsbruders Old Shatterhand „hautnah" miterlebt. Die Guten und die Bösen konnte ich deutlich unterscheiden. Vorbilder waren die Rothaut und der teutonische Recke, denn das Herz der beiden war gütig und gerecht.

Irgendwann las ich Reiseberichte, die mich neugierig auf die Welt machten und in mir die Lust weckten, andere Länder und andere Kulturen unmittelbar kennen zu lernen. Die weiteren Bücher führten mich in ganz neue Bereiche. Mit ihnen überschritt ich die Grenzen meiner Kindheit und trat in die fremde, komplizierte und abenteuerreiche Welt der Erwachsenen ein. Lesend erfuhr ich, wie das Leben der modernen Menschen aussah, das eine große Faszination auf mich ausübte, und das ich nun anstrebte. Meine Vorahnung der Zukunft formierte sich immer weiter zu einem klaren Bild.

Bücher trugen wesentlich dazu bei, dass ich mich weiterentwickelte. Noch nicht selbst gemachte Erfahrungen machten stellvertretend für mich die Protagonisten in der Literatur, durch die unterschiedliche Einstellungen und Lebenskonzepte erkennbar wurden und eine eigene Meinung in mir reifen ließen.

In der weiteren Schulzeit lernte ich klassische und zeitgenössische Literatur kennen, und meine Leseerfahrungen erweiterten mein Blickfeld auf die Welt …

Auf der Suche
nach Schreibverführern

Lass dich zum Schreiben inspirieren, ganz gleich ob durch Geschichtenanfänge, durch Wortspielereien oder dadurch, dass du neue Blickwinkel entdeckst. Das Ziel ist es, einen eigenen Text zu produzieren. Teste unterschiedliche Methoden. Öffne dich dabei neuen Ideen. Finde deinen persönlichen Weg. Es gibt so viele Möglichkeiten zu schreiben, wie es Schreiberinnen und Schreiber gibt. Finde heraus, was dich zum Schreiben verführen kann.

Übung 25: Geschichten-Anfänge weiterschreiben

Wähle einen der folgenden Geschichtenanfänge aus und schreibe einfach weiter. Halte nicht lange inne, sondern lass dich von deinem Stift und deiner Fantasie leiten.

Anfang 1: *Ich weiß, dass es meine Verwandten immer gut meinen und unbedingt die Familie zusammenhalten möchten. An meinem Geburtstag wollten sie mir eine ganz besondere Freude machen. Doch diesmal haben sie es übertrieben …*

Anfang 2: *Heute mache ich es mir gemütlich, dachte ich und freute mich schon auf einen ruhigen Tag. Endlich wollte ich mal faulenzen.*

Da klingelte es an der Haustür. Ich zog mir schnell etwas über und öffnete. Draußen stand ...

Anfang 3: *Als ich neulich in Berlin auf Erkundungstour ging, tippte mir plötzlich jemand auf die Schulter. Ich drehte mich um und schaute in das Gesicht von ...*

Anfang 4: *Es klingelte an der Tür. Ich öffnete und zuckte zusammen. Auf der Treppe standen Judith Rakers und ein Mann mit einer Kamera. „Hallo, guten Tag. Ich möchte Sie gerne für eine neue Fernsehdokumentation interviewen", sagte die Moderatorin ...*

Anfang 5: *Als ich gerade in mein Buch vertieft auf dem Sofa saß, klopfte es an der Scheibe. Ich stand auf und öffnete das Fenster. Draußen stand der James-Bond-Darsteller und sagte: „Ich brauche Sie für den nächsten Film" ...*

Anfang 6: *Mitten in der Nacht hörte ich ein unbekanntes Geräusch. Ich sprang aus dem Bett. Mein Blick fiel auf das Mobiltelefon, das blinkte. Plötzlich begann Alexa zu sprechen ...*

Anfang 7: *Beim Jahreswechsel hatte ich mir vorgenommen, mich nicht mehr aufzuregen. Doch mein Vorsatz hielt keine acht Stunden, weil ...*

Anfang 8: *Ich wollte endlich abnehmen und hatte mich schon mit den verschiedenen Diäten beschäftigt. Doch als ich zur Geburtstagsfeier meiner Freundin eingeladen war, da ...*

Anfang 9: *Immer wenn mich meine Mutter früher zum Friseur schickte, bekam ich eine Gänsehaut ...*

Anfang 10: *Immer wenn ich zum Zahnarzt gehe, sind meine Schmerzen weg ...*

Anfang 11: *Meinen Mann (Meine Frau) habe ich durch das Internet kennengelernt. Das kam so ...*

Hast du einen Anfang entdeckt, den du gerne einfach weiterschreiben möchtest? Lass dich von deiner Kreativität leiten. Beim Weiterformulieren sind deiner Fantasie keine Grenzen gesetzt.

Vielleicht hast du während des Schreibens sogar das Gefühl, dass Ungewöhnliches passieren könnte. Es ist dein Text. Du kannst beim Schreiben mit ihm abheben und der Welt entfliehen.

Übung 26: Mit Wörtern spielen

Der spielerische Umgang mit Sprache fällt vielen nicht leicht. Es ist zwar gut, dass wir gelernt haben, möglichst immer richtig und verständlich zu schreiben.

Aber das freie Spiel mit unserer Sprache befreit unseren Geist und lässt uns erfinderisch werden. Falsch machen kannst du dabei nichts. Traue dich, mit deinem Sprachmaterial, den Wörtern und Lauten, herumzuspielen.

Im Deutschen geht das besonders gut, wenn man Worte zusammensetzt, die ursprünglich nicht zusammengehören.

1. Nimm ein Wort und kombiniere es mit anderen Wörtern. Mache aus deiner Spielerei einen kleinen Text. Ein Beispiel mit dem Begriff „Wörter":

   Ich bin ein Buchstabensammler
   Ein Wörterbauer
   Ein Wörterverdreher und Wörterspieler
   Manchmal bin ich auch ein Wörterdetektiv
   Aber immer ein Wörterliebhaber

2. Kombiniere Wörter, die Ähnliches beschreiben, immer wieder neu. Beispiel: „notieren, verfassen, verschriftlichen":

   notieren verfassen verschriftlichen
   notiere verfasse verschriftliche
   er notiert verfasst verschriftlicht
   sie notiert verfasst verschriftlicht
   wir notieren verfassen verschriftlichen

wir schreiben
wir leben

3. Bilde Kaskaden ungewöhnlich zusammengesetzter Hauptwörter. Beispiel „von Freund bis Freundschaftsbeweisstückerinnerung":

Freund
Freundschaft
Freundschaftsbeweis
Freundschaftsbeweisstück
Freundschaftsbeweisstückerinnerung

4. Nimm drei oder vier Wörter, die dir gerade ganz spontan einfallen und schreibe sie auf. Es müssen keine besonderen Wörter sein und sie brauchen auch nichts miteinander zu tun zu haben.
Schreibe nun einen kleinen Text, in den du diese Wörter nach und nach einbaust. Das geht besonders gut mit einer Fantasiegeschichte. Die Wörter, die du bereits verwendet hast, kannst du auf deiner Liste streichen. Als Beispiel sollen die Wörter „Krokodil, Heimat, fliegen" dienen:

Ein Krokodil beobachtete einen Drachenflieger. Daraufhin wollte es gerne fliegen lernen. Es nahm immer wieder Anlauf, aber es blieb am Boden. Da kam ein Roboter vorbei. Er erklärte dem Krokodil, dass es nicht für das Fliegen geschaffen sei. Es solle lieber in seinem Fluss bleiben und glücklich und zufrieden im Wasser herumschwimmen oder auch nur faul herumliegen, denn da hätte es eine Heimat ...

Denke dir weitere Sprachspielereien aus und verwende sie wie Fingerübungen für zwischendurch.

Wenn wir andere Menschen beobachten und über sie schreiben, dann stärkt das unsere Fähigkeit, die Perspektive zu wechseln. Für eine gute Beobachtung brauchen wir Empathie und Achtsamkeit. Beides wird beim Schreiben über andere gestärkt.

Du kannst zum Beispiel über verrückte Nachbarn schreiben. Vielleicht hast du in deiner Nachbarschaft interessante oder ungewöhnliche Leute wahrgenommen. Schreibe deine Beobachtungen und Gedanken auf.

Mit dieser Übung bist du in guter Gesellschaft: Einer der spannendsten Hitchcock-Filme heißt „Fenster zum Hof", in dem ein Mann, der wegen eines Gipsbeins nicht aus seiner Wohnung kommt, aus dem Fenster schaut und Seltsames entdeckt …

Nun zu deinen Nachbarn:
▷ Was fasziniert dich an ihnen?
▷ Über welche Beobachtung musstest du schon oft schmunzeln?
▷ Was denkst du, wie diese Menschen leben?
▷ Kennst du sie gut oder eher flüchtig?
▷ Hast du schon mal mit ihnen gesprochen? Worüber?
▷ Wie sieht es bei ihnen in der Wohnung vermutlich aus?

Schreibe einfach zu einer Person, einem Paar oder einer Familie einige Sätze auf. Vielleicht hast du seltsame Beobachtungen gemacht oder kuriose Szenen gesehen. Über das, was du nicht weißt, kannst du (fantastische) Vermutungen anstellen.

Diese Übung kannst du auch auf andere Menschen übertragen, mit denen du am Arbeitsplatz, beim Sport, beim Einkaufen oder bei anderen Gelegenheiten Kontakt hast.

Übung 28: Gegenstände im Visier

Im Alltag sehen wir oft achtlos über die Dinge hinweg, die uns umgeben und die wir glauben zu kennen. Es lohnt sich, mal wieder ganz genau hinzusehen, Details wahrzunehmen und darüber zu schreiben. Beobachte genau und stelle dir auch die Frage, was dich mit den Dingen verbindet.

Schau dich zum Beispiel in deiner Wohnung um. Nimm dir Zeit und achte auf Details.

▷ Was siehst du?
▷ Was gefällt dir besonders gut?
▷ Woran hängt dein Herz?
▷ Was magst du nicht?
▷ Welche Gegenstände sind mit Erinnerungen an andere Menschen verbunden?
▷ Wo ist es in deiner Wohnung besonders gemütlich?
▷ Wo lassen sich Gäste am liebsten nieder?
▷ Welche Farben, welche Formen dominieren?

Schreibe auf, was du wahrnimmst und was dir alles dazu einfällt. Eine besonders reizvolle Variante ist, die Gegenstände selbst zum Leben zu erwecken und aus ihrer Perspektive zu schreiben. Probiere es aus.

Übung 29: Die Perspektive wechseln

Beim Schreiben ist es wichtig, hin und wieder eine andere Perspektive einzunehmen als die gewohnte. Die Seiten zu wechseln kann sehr inspirierend sein. Oft fördert es ungeahnte Gedanken und Gefühle zu Tage, über die wir schreiben können. Du findest mehrere Beispiele für mögliche Perspektivwechsel:

Schreibe

▷ ein Ereignis in deiner Wohnung aus der Sicht der Stehlampe, des Sessels oder Bücherregals.

▷ einen deiner Tage aus der Sicht deines Lieblingskleides.

▷ eine kurze, bekannte Geschichte aus einer anderen Perspektive.

▷ Naturereignisse aus der Sicht eines Tieres oder Baumes.

▷ „Die Bremer Stadtmusikanten" aus der Sicht des Esels, des Hundes, der Katze oder des Hahns.

▷ eine Familiengeschichte aus der Sicht des Haustieres, eines alten Baumes vor dem Haus oder eines Erbstückes.

▷ die Geschichte eines Mannes aus der Sicht seiner Frau.

▷ die Weihnachtsgeschichte aus der Sicht eines Schafes oder des Esels.

▷ Geschichten über Menschen aus der Sicht eines Außerirdischen.

▷ über aktuelle Ereignisse aus der Sicht eines noch nicht Geborenen.

Ein Beispiel ist: Die alte Napoleonsbuche erzählt

Man nennt mich Napoleonsbuche. Ich stehe am Napoleonsweg. Mein Namensgeber ist der ehemalige Feldherr aus Frankreich. Die Leute sagen, dass er vor mir stehen geblieben ist, als er von Wesel nach Münster marschiert ist. Ich kann mich nur ganz schwach daran erinnern, denn zu der Zeit war ich noch jung. Außerdem ist das schon sehr lange her. Aber den Napoleonsweg gibt es heute immer noch. Er ist mitten in der Hohen Mark, einem großen Wald. Früher sind die Soldaten hier durchmarschiert. Heute nutzen ihn Wanderer und Radfahrer. Sie kommen jeden Tag hier entlang und schauen mich an. Wenn sie neben mir verweilen und über meine Form staunen, freue ich mich jedes Mal.

In meiner Nähe steht der Feuerwachturm Galgenberg. Vor einiger Zeit hat ein großes Feuer den Turm vernichtet. Ich hatte Angst, dass das Feuer auch zu mir herüberkommt. Aber es ging noch gut. Mittlerweile steht an der Stelle ein neuer Feuerwachturm. Der Förster kann von dort oben immer den ganzen Wald überblicken.

Ich bin mittlerweile vierhundert Jahre alt. Damit habe ich wohl die Hälfte meines Lebens erreicht. So ganz ohne Wunden ist mein Leben nicht verlaufen. Ich bin vor einigen Jahren von Baumchirurgen behandelt worden. Wie gut, dass es auch für Bäume Ärzte gibt, sonst wäre ich längst auseinander gebrochen. Zwei Stangen halten mich unten am Stamm zusammen. Die Baumärzte haben mir zwei kranke Äste herausoperiert und die Wunden mit Baumholzwachs verschmiert. Dann hat bei einem Unwetter ein Blitz meine Krone getroffen. Jetzt bin ich nur noch dreizehn Meter hoch …

„Ich kann doch nicht schreiben!"

Unsere Sprache ist ein hohes Gut, das wir nicht vergeuden sollten. Wenn wir die ganze Bandbreite der sprachlichen Möglichkeiten nutzen wollen, müssen wir sie uns aktiv aneignen. Sprechen lernen wir als Kinder intuitiv, indem wir Vorbilder imitieren. Und Schreiben? Schreiben ist für viele Menschen etwas ganz anderes als Sprechen. Aber warum? Bedeutet Schreiben nicht einfach, das, was wir auch sagen könnten aufs Papier zu bringen? Oder ist Schreiben mehr als das?

Wir alle sprechen täglich mit anderen, teilen uns mit, hören zu und erzählen. In den Gesprächen reagieren wir meistens spontan aufeinander. Manchmal beraten und trösten wir uns gegenseitig. Wenn wir erzählen, greifen wir auf, was ein anderer gesagt hat. Wir bringen uns dann mit all unseren Erfahrungen, Erlebnissen und Erinnerungen ein. Hört uns jemand zu, versuchen wir, humorvoll und spannend zu berichten. Wir freuen uns, wenn unsere Geschichten für andere interessant und unterhaltsam sind.

Unsere Sprache bietet uns unendlich viele Ausdrucksmöglichkeiten.

Wir können für eine Sache werben oder unser Recht einfordern. Wir können unsere Gefühle ausdrücken, unser Leid klagen oder uns aufregen.

Wir können beim anderen etwas bewirken, indem wir ihn überreden, warnen, trösten oder ihm Mut machen. Wir können Menschen mit Worten zeigen, wie sehr wir sie mögen. Beim Schreiben müssen wir uns unseren Lesepartner vorstellen. Ein leeres Blatt antwortet nicht, es lacht und nickt nicht, und es erzählt keine eigenen Geschichten. Deshalb ist es oft schwieriger zu schreiben, als jemandem etwas mündlich mitzuteilen. Wir können beim Schreiben lediglich vermuten, wie der Leser auf unseren Text reagieren wird. Wir ahnen oft nur, was er weiß, was er gut findet, erwartet oder sich wünscht. Wir möchten, dass der Leser uns versteht und ihm das, was er von uns liest, gefällt. In den meisten Fällen werden wir nie erfahren, welche Wirkung unser Text tatsächlich hat.

Häufig lausche ich mit Spannung, wenn jemand eine Geschichte erzählt, ganz unbekümmert und leicht. Bitte ich die Person aber anschließend, das Gehörte aufzuschreiben, höre ich oft dieselbe Antwort: „Ich kann doch nicht schreiben!" Aber warum glauben das so viele? Immer wieder höre ich von schlechten Erfahrungen in der Schule und, dass die eigenen Texte früher belächelt oder schlecht bewertet worden sind. Die Aufsätze sind angeblich zu kurz oder zu lang gewesen oder haben das Thema verfehlt. Viele erinnern sich an die korrigierten Texte, die mit roten Strichen und Anmerkungen übersät gewesen sind, wenn Rechtschreibung, Grammatik und Zeichensetzung nicht immer gestimmt haben. Die Messlatte hat hoch gelegen, denn die Vorbilder für gutes Schreiben sind aus der deutschen Literatur gekommen. Wer sollte daran nicht scheitern? Der Schmerz über die Kritik und die Angst, beim Schreiben nicht gut genug zu sein, sitzen bei vielen von uns tief und wirken bis heute. Unter Druck und Angst finden wir kaum einen Zugang zu unserer Kreativität und entwickeln wenig Freude am sprachlichen Ausdruck. Da denken viele Menschen: Lieber nicht schreiben, als etwas falsch zu machen. Die Glückwunschkarte, die schriftliche Einladung oder der Dankesbrief an die Freundin werden zur Herausforderung. Mündlich fallen solche Mitteilungen den meisten Menschen leichter. Selbst ein Anruf ist schneller erledigt.

Senioren erzählen gerne ihren Kindern und Enkeln aus ihrem Leben. Wie schön wäre es, wenn sie das aufschreiben und festhalten könnten, damit die jungen Menschen das später nachlesen können. Aber wie? Der Übergang vom Erzählten zum Geschriebenen scheint fast unüberwindbar. Dazu kommt die Sorge, sich beim Schreiben festlegen zu müssen. Wir denken, was einmal niedergeschrieben ist, kann nicht mehr verändert oder zurückgenommen werden. Das verunsichert uns und setzt uns unter Druck, sofort alles richtig zu machen.

Schreiben lernt man durch schreiben

Es gibt viele Menschen, die etwas zu sagen haben, sich aber nicht trauen, darüber zu schreiben. Dabei könnten sie aus ihrer Lebenserfahrung und Fantasie schöpfen. Aber etwas steht ihnen im Wege. Schade, denn Schreiben kann gut tun, das Wohlbefinden steigern, Freude und Erfüllung bringen. Hätten sie mehr angstfreie Schreibpraxis ohne Druck, könnten sie diese wunderbaren Erfahrungen machen. Sie könnten diesen inneren Widerstand durchbrechen und anderen die hohe Literatur überlassen. Und es gibt noch eine gute Nachricht: Das Handwerk des Schreibens kann jeder lernen und zwar durch Schreiben.

Schreiben ist nicht nur anders als sprechen, es kann sogar mehr sein. Schreiben ist eine sprachlich-kulturelle Handlung, die Handwerkszeug benötigt wie Stift und Papier. Mit dem Stift in der Hand kommen oft Gedanken ans Licht, die uns in einem Gespräch so nicht eingefallen wären oder die wir nicht über die Lippen gebracht hätten. Wenn die Hürde erst einmal überwunden ist, wächst auch die Schreibkompetenz mit jedem geschriebenen Wort. Den Prozess des Schreibens kann man mit der Arbeit in einer Holzwerkstatt vergleichen, wo „gehobelt und gefeilt wird, bis die Späne fliegen". Das gilt auch für Texte. Wenn sie erst einmal da sind, sollte an ihnen weiter gehobelt und gefeilt werden.

Schreiben tut gut und fördert die Gesundheit

Ich habe oft erlebt, dass Menschen in einer Schreibwerkstatt ihre Angst vor dem leeren Blatt überwunden haben. Ist dieser Schritt getan, sprudelt es nur so aus ihnen heraus. Selbstbewusst und zufrieden blicken sie schon bald auf eine stattliche Sammlung eigener Texte zurück. Das Schreiben ist für sie zur Therapie geworden, in der sie sich von Altlasten, Ängsten und Zwängen befreit haben. Es ist heute ein wichtiger Teil ihres Lebens und hat ihnen zu mehr innerem Gleichgewicht verholfen, sodass sie wieder mit Freude in die Zukunft schauen können.

Ich gebe zu, dieser Prozess ist manchmal anstrengend, aber er lohnt sich.

Wer sich zusätzlich traut, seine Texte bei Lesungen, in Büchern oder Sammelbänden zu veröffentlichen, lernt vielleicht auch eines Tages seine Leser kennen und kann sich über deren Wertschätzung und Anerkennung freuen.

Schreiben ist sinnvoll und sinnhaft. Wir können es in fast allen Lebenssituationen tun, und gerade in Krisenzeiten und Stresssituationen kann es ein wunderbarer Weg zur inneren Freiheit sein. Es hilft, das eigene Leben zu ordnen und schafft Verständnis für andere. Nach vielen Jahren, in denen ich Schreibende begleitet habe, bin ich mir sicher: Schreiben tut nicht nur gut, sondern fördert auch die Gesundheit. Es ist ein Mittel gegen Depressionen und Angst. Es stärkt unsere Widerstandskraft und das Immunsystem. Zudem beruhigt es Magen und Darm, befreit die Lunge, senkt den Blutdruck und aktiviert das Gehirn. Auch noch im Alter, wenn die Bewegungen etwas schwerer fallen, ist es eine gute Beschäftigung.

Mit Handschrift und Computer das Gehirn fordern

Mach dir im Alltag immer wieder Notizen, wenn du etwas Interessantes liest oder hörst. Erledige Schriftliches so oft es geht mit der Hand. Es hat sich gezeigt, dass wir die Dinge anders verstehen, wenn wir sie handschriftlich nachvollziehen. Dazu brauchen wir nur Stift und Papier. Kurze Notizen unterstützen unsere Wahrnehmung und Erinnerung. Ein weißes Papier lenkt außerdem viel weniger ab, als ein elektronisches Gerät.

Übe dich darin, Merksätze und Stichworte so zu formulieren, dass sie dir später dabei helfen können, noch einmal über eine Sache nachzudenken oder dich mit anderen darüber zu unterhalten. Handgeschriebenes verankert sich besser im Gehirn als Getipptes. Außerdem wird durch die Motorik unserer Schreibhand unsere kreative Seite besonders herausgefordert. Aber nicht nur Entwürfe, Notizen und Protokolle kannst du mit der Hand schreiben. Verfasse auch hin und wieder Briefe an Menschen, die dir viel bedeuten. Verschenke öfter einmal kleine handgeschriebene Texte. Sie eignen sich als Mitbringsel oder als kleine persönliche Aufmerksamkeit zu Familienfesten oder Jubiläen. Du wirst feststellen, dass diese Texte wertvolle Kleinode sind, die dich und andere erfreuen.

Beim Schreiben mit der Hand überlegen wir vorher, was wir festhalten möchten. Wir konzentrieren uns auf das Wesentliche und strukturieren unsere Gedanken bereits im Kopf, bevor wir schreiben. Dieses Denken hilft uns dabei, Probleme leichter zu verstehen und einzuordnen. Wenn wir unsere Gefühle handschriftlich zu Papier bringen, lernen wir uns selbst besser kennen. Nach diesen Vorarbeiten ist der Computer hilfreich. Mit technischer Hilfe können wir das Geschriebene sichern und überarbeiten. Computerdateien sind zudem jederzeit abrufbar und als E-Mail-Anhänge leicht zu verschicken. Bei der Menge der Texte, die sich im Laufe der Zeit ansammeln, geht es nicht ohne Computer.

Wenn du planst, eine längere Geschichte zu verfassen, kannst du deine Ideen dafür zunächst handschriftlich sammeln. Wenn der Handlungsverlauf durchdacht ist, kannst du den Text in den Computer tippen. So kannst du die einzelnen Versionen sammeln und sichern. Nach Bedarf kannst du den Text immer wieder überarbeiten, bis du mit dem Ergebnis zufrieden bist. Um die Meinungen von Testlesern einzuholen oder den Text von anderen korrigieren zu lassen, kannst du die Datei leicht per E-Mail-Anhang verschicken. Den Texten kannst du Fotos hinzufügen, dann alles ausdrucken, lochen, zusammenbinden und verschenken.

Eine Kombination aus Schreiben mit der Hand und Tippen am Computer fordert unser Denken auf vielfältige Weise und wir bleiben aktiv. Was auch immer wir schreiben, wie auch immer wir schreiben, es ist in jedem Fall gut für unsere Gesundheit und es trainiert unser Gehirn. Schreiben ist eine Tätigkeit, die oft bis ins hohe Alter Freude macht.

Ein Gewächshaus
für kreative Gedanken

Wenn du regelmäßig schreibst, solltest du dir einen Schreibplatz gestalten. Probiere aus, an welchem Ort deine Energie am besten fließen kann. Was brauchst du, um dich konzentrieren zu können? Welche Atmosphäre ist für dich günstig? Vielleicht bevorzugst du einen ruhigen und gemütlichen Platz, an dem du dich geborgen fühlst. Oder ist für dich eher das rege Treiben in einem Park oder Café anregend?

Achte auf äußere Bedingungen, wie frische Luft, gute Beleuchtung und eine gesunde Sitzhaltung. Bedenke, dass dein Geist auch beim Schreiben einen Körper bewohnt, der gute Voraussetzungen braucht, um arbeiten zu können. Vergiss nicht, ausreichend Wasser oder Tee zu trinken, wenn du schreibst. Teste, wann du mit der Hand schreiben möchtest und wann lieber am Computer. Sorge für gut schreibende Stifte, passendes Papier oder eine ansprechende Kladde. Eigne dir das nötige Wissen über deine Schreibsoftware an und versuche, dir die vielen Funktionen deines Programmes zunutze zu machen.

Dein Schreibplatz sollte für dich leicht zugänglich sein und nicht von anderen Materialien belegt werden. Du solltest dich jederzeit zum Schreiben eingeladen fühlen. Wenn du dir gute Bedingungen schaffst, kann dein Schreibplatz zu einem prächtigen Gewächshaus für kreative Gedanken und berührende Texte werden.

Zunächst sollte für dich das Schreiben ohne Plan im Vordergrund stehen. Wenn dir das regelmäßige Schreiben vertraut ist, kannst du irgendwann innehalten und schauen, was sich bereits entwickelt hat. Dazu solltest du alle Texte von Beginn an aufbewahren und sie mit einem Datum und einem Arbeitstitel versehen. So kannst du später deutlich sehen, welche Fortschritte du bereits gemacht hast.

Es wird der Zeitpunkt kommen, an dem du mehr über die theoretischen Hintergründe des Schreibens wissen möchtest. In diesem Buch kannst du dazu viel Nützliches erfahren, zum Beispiel über Strategien, Prozesse und Regeln, über die Funktion des Schreibens und über unterschiedliche Textsorten. Bevor du in die Theorie des Schreibens einsteigst, kannst du so lange drauflos schreiben, wie du magst. Gib niemandem das Recht, dich daran zu hindern oder dir etwas gegen deinen Willen abzuverlangen.

Manchmal lohnt es sich, innere oder äußere Hindernisse zu überwinden, um über sich hinauszuwachsen. Wenn dir zum Beispiel das Tippen noch Probleme macht, hilft vielleicht ein Schreibkurs an der Volkshochschule. Es macht Freude, einen Text schnell fließend mit allen zehn Fingern zu tippen.

Dieses Buch kann dir für deine Entwicklung viele wertvolle Hinweise geben. Selbst, wenn du irgendwann zum planvollen Schreiben größerer Projekte gefunden hast, ist es ratsam, hin und wieder die spielerischen Schreibübungen zu machen und dir so den Zugang zum kreativen Denken zu erhalten. Probiere stetig Neues aus, und finde nach und nach deinen persönlichen Mix.

Sich selbst zum Schreiben einladen

Bleib beim Schreiben freundlich mit dir und mit deinen Texten. Betrachte dich als individuelle Schreibpersönlichkeit, die Mitgefühl und Wertschätzung verdient. Wichtig ist, bei sich zu bleiben und sich nicht durch äußere oder innere Kritiker entmutigen zu lassen. Werde dir deiner Stärken bewusst und nutze sie. Schiebe Selbstzweifel beiseite und ermutige dich immer wieder. Wenn du nicht gleich die passenden Worte findest, mache dir erst kurze Notizen und halte Stichworte fest. Erlaube dir beim Schreiben unterschiedliche Textqualitäten, und bleibe neugierig und dankbar für alle Erfahrungen, die du machen darfst. Gehe mit dir und deinen selbst verfassten Texten stets achtsam um. Du entscheidest selbst darüber, was du schreiben möchtest, welche Themen dich reizen und für wen du schreibst. Du kannst für andere oder auch nur für dich schreiben. Probiere es aus, sammle Ideen und teste solange, bis du sicher deinen Weg gehen kannst.

Finde heraus, was dich herausfordert, den Stift in die Hand zu nehmen. Was möchtest du zum Ausdruck bringen? Betrachte dich, wenn du schreibst, als aktiven Teilnehmer der Gesellschaft und souveränen Gestalter deines Lebens. Schau tief in dein Inneres und hole hervor, was darin verborgen ist. So wirst du mehr und mehr Klarheit und Gelassenheit für dich und die Dinge entwickeln, die weit über das reine Schreiben und deinen persönlichen Lebensbereich hinausgehen. Wichtig ist, sich auf den Weg zu machen. Versuche immer wieder, deine Eindrücke, Erlebnisse, Erinnerungen, Gedanken und Gefühle zum Ausdruck zu bringen. Beginne einfach, und du wirst irgendwann Routine bekommen. Es wird der Tag kommen, an dem du freudig feststellst, dass dir das Schreiben zur Herzensangelegenheit geworden ist.

Übung 30: Eindrücke ausdrücken

Lass dich von Informationen, die du hörst und siehst, oder durch interessante Begegnungen, Erlebnisse und Erfahrungen zum Schreiben verführen. Kreativität braucht Entspannung. Leg dich aufs Sofa, mach einen Waldspaziergang, geh in ein Museum oder ins Kino. Lies ein Buch, höre Musik, betrachte ein Fotoalbum oder schau einfach nur aus dem Fenster. Schaffe dir immer wieder Situationen mit einer guten Atmosphäre, um Ideen zu entwickeln.

Vieles kann zum Schreiben inspirieren. Besonders anregend sind auch Düfte. Das Schnuppern an Blüten, Kräutern oder Gewürzen weckt manchmal ganz spontan tief vergrabene Erinnerungen.

Übung 31: Geschichten für Kinder

Schreibe für deine Kinder oder Enkelkinder gemeinsame Erlebnisse auf. Vielleicht möchtest du erzählen, wie sie auf die Welt gekommen sind, wie sie sich als Babys verhalten haben und was ihr zusammen erlebt habt. Denke dir Abenteuergeschichten für die

Kleinen aus, in denen Tiere oder Fantasiewesen die Hauptrolle haben. Mit Tieren, die wie Menschen fühlen und handeln, identifizieren sich Kinder leicht. Erzähle beispielsweise von einem Tier, das sich einsam fühlt und Freunde finden will. Schreibe über Tiere, die Herausforderungen annehmen und erzähle, wie sie ihre Probleme lösen.

Lebensgeschichten älterer Menschen sind auch für Kinder sehr interessant. Schreibe so eine Geschichte in kindgerechter Sprache auf. Formuliere alles in kurzen, einfachen Sätzen und verwende keine komplizierten Wörter. Versetze dich beim Schreiben in die Welt eines Kindes. Aber Vorsicht, Kinder sind kritische Leser. Sie mögen es spannend und spüren sofort, wenn es Ungereimtheiten gibt. Wenn du eine Geschichte für Kinder geschrieben hast, suche junge Menschen als Testleser und frage sie, was ihnen an deiner Geschichte gefällt und was nicht. In dem Beispiel erzählt eine Frau in kindgerechter Sprache aus ihrem Leben:

Liebe Kinder, mein Name ist Erna. Gerne hätte ich euch besucht und euch von einigen Stationen auf meinem Lebensweg erzählt. Doch das schaffe ich in meinem Alter nicht mehr. Denn ich werde bald einhundert Jahre alt. Deshalb habe ich euch das Bedeutsame in dem Brief aufgeschrieben.

Geboren wurde ich in Pommern, das liegt im heutigen Polen. Meine Eltern hießen Ludwig und Anneliese. Als ich noch ein Baby war, wurde mein Vater von einigen Männern abgeholt. Er musste das Land als Soldat verteidigen. Einige Zeit später bekam meine Mutter einen Brief. Nachdem sie ihn gelesen hatte, war sie sehr traurig. Sie hatte die Nachricht, dass mein Vater gestorben war. Der Krieg dauerte noch drei Jahre. Dann war endlich wieder Frieden. Meine Mutter heiratete Wilhelm, einen Bauern aus dem Nachbardorf. Wilhelm wurde nun mein Stiefvater. Er war wie ein richtiger Vater zu mir. So vergingen einige Jahre. Wir waren eine glückliche Familie und ich bekam noch zwei Geschwister.

Schon als Kind musste ich häufig im Haus helfen. Die Lebensmittel für das Essen holten wir aus dem Garten oder vom Feld. Ich konnte Erbsen döppen, Möhren schrappen und Kartoffeln schälen. In der Küche stand ein Ofen, der den Raum wärmte, auf dem aber auch das Essen gekocht wurde. Meine Mutter machte ihn früh morgens an und legte immer wieder Holz ins Feuer, damit er nicht ausging. Ich besuchte wie die anderen Kinder des Dorfes die Schule. Danach lernte ich in einem Haushalt das Kochen. Als ich meine Ausbildung beendete hatte, lernte ich einen jungen Mann kennen und heiratete ihn. Doch dann gab es wieder Krieg und mein Mann musste Soldat werden. Ich hatte Angst um ihn. Nach wenigen Monaten bekam ich Bescheid, dass mein Mann bei einem Angriff getötet wurde. Ich war untröstlich.

Dann bekam ich Bescheid, dass auch ich Kriegsdienst zu leisten hatte. Ich musste als Krankenschwester nach Frankreich in eine Hafenstadt fahren und dort kranke und verletzte Menschen betreuen. Schweren Herzens packte ich ein paar Sachen zusammen und löste eine Fahr-karte für den Zug, der mich in das fremde Land an die Atlantikküste bringen sollte. Den letzten Brief, den mein Mann mir geschrieben hatte, nahm ich zur Erinnerung mit.

In Frankreich begann wieder ein neuer Lebensabschnitt für mich. Mit den Menschen im Hafen konnte ich in meiner Sprache sprechen. Dennoch musste ich auch die französische Sprache lernen, damit ich mich mit den Bewohnern des Ortes verständigen konnte. Ich war den ganzen Tag damit beschäftigt, Wunden zu säubern und zu ver-binden und Medizin zu verteilen. Zwischendurch musste ich auch in der Küche helfen. Bald freundete ich mich mit Fritz an, der auch im Hafen arbeitete. Wir erzählten uns gegenseitig die Erlebnisse aus unserem bisherigen Leben, die fröhlichen, aber auch die traurigen. So vergingen einige Jahre.

Dann war der Krieg zu Ende und alle deutschen Männer im Hafen wurden gefangen genommen und eingesperrt. Auch Fritz wurde ab-geführt und verschwand hinter hohen Stacheldrahtzäunen. Ich sollte noch weiter als Krankenschwester arbeiten und blieb glücklicherweise in der Nähe von Fritz. Immer wieder versuchte ich, ihn zu besuchen. Doch es war nicht so einfach. Als ich ihn dann endlich sehen durfte, war ich erschrocken, wie abgemagert er aussah. Ich sagte ihm, dass ich jeden Abend zu einer bestimmten Zeit an einer bestimmten Stelle etwas zum Essen über den Stacheldrahtzaun werfen werde. Wir verabredeten auch einen Pfeifton, den nur wir beide kannten. Tagsüber versuchte ich, heimlich ein Stück Brot, etwas Fleisch, Wurst oder Käse an die Seite zu legen. Am Abend verpackte ich das, was ich hatte, in eine leere Dose und verschnürte sie mit Stofffetzen. Kurz vor Mitternacht schlich ich mich von außen an den Zaun heran und versteckte mich im Gebüsch. Pünktlich zur verabredeten Zeit pfiff ich und warf die Dose in hohem Bogen über den Zaun. Ich sah einen Schatten vorbeihuschen, der nach der Dose griff und schnell wieder verschwand, bevor die Wachen ihn entdeckten. In den nächsten Nächten machte ich es wieder so.

Endlich wurde Fritz aus der Gefangenschaft entlassen und durfte nach Hause in seine Heimat. Er fragte mich, ob ich mit ihm kommen würde. Wir könnten zunächst bei seinen Eltern wohnen, meinte er, bis wir selbst eine Wohnung gefunden hätten. Dann fragte er mich, ob ich ihn heiraten wollte. Ja, das wollte ich gerne. Zwei Jahre später bekamen wir einen Sohn. Wir waren eine glückliche Familie und konnten bald eine eigene Wohnung mieten. Fünfzig Jahre lang war ich mit meinem Fritz verheiratet. Es war eine schöne Zeit. Vor einigen Jahren ist er gestorben. Da war ich natürlich sehr traurig. Doch ich bin jetzt fast einhundert Jahre alt, und für die wunderbare Zeit, die ich in meinem Leben haben durfte, sehr dankbar. In meinen Geburtsort bin ich nie wieder gewesen. Aber ich bin immer noch ein glücklicher Mensch, der sich über jeden neuen Tag freut.

Ich hoffe, liebe Kinder, dass euch meine Erlebnisse interessiert haben und wünsche euch viel Gutes auf eurem Lebensweg.

Eure Erna

Übung 32: Stell dir vor

Beim Schreiben können wir das, was passiert, einfach erfinden. Wir können uns bestimmte Situationen ausdenken und so tun, als wären sie real.

Hier sind zwei Anregungen:
▷ Mit wem würdest du gerne einmal für einen Tag tauschen? Erzähle von deinem Tag.
▷ Stell dir vor, jemand würde in einer Feierstunde eine würdevolle Rede über dich halten. Was würde er sagen? Schreibe diese Rede auf.

Denke dir selbst eine Situation aus, die du gerne einmal erleben würdest und erzähle von dem, was passiert.

Übung 33: Freundschaftsgeschichten

Denke an einen guten Freund oder eine gute Freundin.
▷ Wie habt ihr euch kennengelernt?
▷ Was verbindet euch?
▷ Welche Höhen und Tiefen hat eure Freundschaft durchlebt und überstanden.
▷ Hat die Freundschaft bis heute gehalten?

Die Geschichte kannst du für diesen Freund oder diese Freundin schreiben. Verschenke deine Freundschaftsgeschichten zum Geburtstag oder anderen Anlässen.

Übung 34: Urlaubserinnerungen

Erinnere dich an die Urlaubsreisen, die du bisher in deinem Leben gemacht hast. Welche Eindrücke sind nachhaltig? Welche Begegnungen sind unvergesslich? Erzähle von einem besonderen Erlebnis.

Sammle zunächst stichwortartig ein paar Erinnerungen, die dir spontan einfallen.

Frage dich,

▷ an welchen Orten du schon gewesen bist.

▷ wo es dir besonders gut gefallen hat.

▷ welche Begegnungen besonders auf dich gewirkt haben.

▷ welche Landschaften und Städte herausragend waren.

▷ welche Gefühle du mit den Erinnerungen verbindest.

▷ welche Reisen ganz besonders waren und warum.

▷ an welche Orte du noch einmal reisen möchtest.

Die Sammlung deiner spontanen Erinnerungen kannst du, immer wenn dir wieder etwas einfällt, ergänzen.

Wähle nun eine Erinnerung aus deiner Liste aus und schreibe darüber.

Frage dich,

▷ was das Besondere an dieser Erinnerung für dich ist.

▷ welche Menschen damals eine Rolle für dich gespielt haben.

▷ ob zu der Erinnerung eine besondere Landschaft oder ein besonderer Ort gehört.

▷ an welche Gefühle und Gedanken du dich erinnerst.

So kannst du nach und nach über deine besonderen Urlaubserlebnisse schreiben.

Solche Erinnerungstexte kannst du natürlich auch über besondere Erlebnisse aus deinem Alltag schreiben, über Lustiges, Berührendes oder Kurioses. Im ganz normalen Chaos passieren immer wieder Dinge, die festgehalten werden können. Mit Humor kann man gerade auch den stressigen Zeiten gute Geschichten abringen.

Du kannst die Begebenheiten so beschreiben, dass auch andere Freude an deiner Geschichte haben. Es ist dein Erfolg, wenn du mit den Texten andere zum Lachen oder Schmunzeln bringen kannst.

 ## Übung 35: Das eigene Leben auf Papier bannen

Immer mehr Menschen reflektieren schreibend ihr Leben. Man kann das entweder nur für sich tun oder auch für die Nachfahren und Freunde. Jedes gelebte Leben ist es wert, aufgeschrieben zu werden.

Wenn du gerne autobiografisch schreiben möchtest, kannst du diesen Fragen nachgehen:

▷ Wie bin ich zu dem Menschen geworden, der ich heute bin?
▷ Wer war für mich ein Vorbild oder hat mich stark beeinflusst?
▷ Welche Zeiten waren gut, welche eher nicht?
▷ Gibt es etwas, was ich vermisst oder bereut habe?
▷ Was habe ich erreicht und worauf kann ich stolz sein?
▷ Was war typisch für meine Generation?
▷ Wo stehe ich jetzt?
▷ Was möchte ich in Zukunft angehen?

Du kannst deine Erinnerungen chronologisch aufschreiben oder einzelne Geschichten sammeln, die du später zeitlich sortierst und zusammenfasst. So musst du nicht unbedingt vorne anfangen. Schreib zunächst über das, was dir besonders leicht fällt. Später kannst du immer noch die schwierigen Themen angehen.

Beim autobiografischen Schreiben müssen wir nicht von vornherein wissen, ob und was wir davon veröffentlichen möchten. Besser ist es, erst einmal mit dem Schreiben zu beginnen und die Entscheidung auf später zu verschieben.

Schreibe Ereignisse und Daten aus deiner Familiengeschichte auf, die du gerne den Kindern oder Enkelkindern vererben möchtest, damit sie ihre Wurzeln kennenlernen können.

Befrage Großvater und Großmutter oder andere Menschen, die sich an eine frühere Zeit erinnern. Versuche das, was sie erzählen, elektronisch aufzuzeichnen oder mitzuschreiben. Nutze die Zeit, solange es noch geht.

Frage nach, wie sich die Eltern und Großeltern kennengelernt haben. Was haben sie beruflich gemacht? Frage nach besonderen Erinnerungen und danach, wie sie schwere Zeiten gemeistert haben. Frage sie, ob sie auch von extremen Erlebnissen berichten möchten? Frage auch, was sie damals gedacht oder gefühlt haben?

Wichtig ist, in diesen Gesprächen behutsam und wertschätzend zu bleiben. Vieles, was für uns heute selbstverständlich ist, war früher ganz anders. Zum Beispiel haben viele Ältere nicht gelernt, über ihre Gefühle zu sprechen.

Diese Themen könnten bei generationenübergreifenden Befragungen interessant sein:

▷ Gibt es in der Familie eine Fluchterfahrung, Vertreibung oder eine andere Migrationsgeschichte?
▷ Wo und wie lebten die Vorfahren?
▷ Welche Berufe hatten sie?
▷ Wie wurden die Mädchen erzogen und welche Rolle spielten die Frauen in der Familie?
▷ Gab es Generationenkonflikte?
▷ Gab es besondere Familienkonstellationen?

Wenn du über deine Familiengeschichte schreibst, wirst du auf zahlreiche Lücken stoßen, und viele Fragen werden offen bleiben.

Trotzdem kannst du den Menschen von damals neues Leben einhauchen. Rekonstruiere möglichst viele Szenen, Gespräche und konkrete Situationen, so wie sie hätten sein können, auch wenn du es nicht genau weißt. Verwende auch wörtliche Rede und beschreibe Kleidung und Verhalten deiner Protagonisten nach bestem Wissen und Gewissen.

Manchmal lohnt es sich, über die Geschichte der eigenen Familie ausführlich zu recherchieren. Suche nach alten Dokumenten, Informationen aus dem Internet oder Bibliotheken und frage noch lebende Verwandte. Dieses Material kann zu einzelnen Episoden werden, die du dann wie Puzzleteile zu einem Gesamtwerk zusammenfügen kannst. Manchmal tun sich bei der Recherche ungeahnte Hintergründe auf, die spannend sind wie Krimis.

So könnte sie beginnen:

Meine Familiengeschichte ist nicht auf einen Hof oder auf einen Ort begrenzt, sondern hat immer wieder unterschiedliche Schauplätze. Sie ist vom Schicksal mehrerer Kriege und von zwei Vertreibungen und dem damit verbundenen völligen Neuanfang in einem fremden Land geprägt.

In dem Dorf Goldegg im Salzburger Land finde ich erste Spuren meiner Vorfahren. Hier haben sie im 17. und 18. Jahrhundert als Bergbauern gelebt. Das Wohnhaus der Familie ist noch erhalten. Graf von Galen ist der jetzige Eigentümer des Grundstücks. Er interessiert sich für die Historie und nimmt sich Zeit für eine Führung.

Dann setzen wir uns auf die Bank hinter seinem Haus. Ich lasse meinen Blick über die Berggipfel schweifen und erzähle ihm die Geschichte meiner Familie ...

So könnte sie weitergehen:

Über dem unbeschwerten Familienglück von Marie und Wilhelm schwebten langsam dunkle Wolken einer wahnsinnigen Politik mit grausamen Folgen für die Familie. Das Kaiserreich war untergegangen, die vielversprechende Weimarer Republik veränderte sich in eine Diktatur, die in ihrem Größenwahn den Zweiten Weltkrieg auslöste. „Deutschland schlägt zurück und wehrt sich, weil es vom Feind angegriffen wird", hieß es und viele Menschen glaubten das.

Mein Großvater Wilhelm wurde zum Polenfeldzug einberufen. Nun half der polnische Landarbeiter Bolek der Familie im Stall und auf dem Feld. Nach einigen Wochen konnte Wilhelm wieder nach Hause zurückkehren. Gemeinsam mit Bolek bewältigte er die Arbeit in der Landwirtschaft, denn seine Söhne Ernst und Herbert mussten mittlerweile als Soldaten an der Front ihr Leben riskieren. Anfangs bekamen sie mehrmals für einige Tage Heimaturlaub. Im weiteren Verlauf des Krieges blieb ihnen eine Reise nach Hause verwehrt ...

So könnte sie enden:

Die zahlreichen Daten der Familiengeschichte setzte ich über mehrere Jahrzehnte zu einem Gesamtbild zusammen. Auch Geschichten von Zeitzeugen ergänzte ich. Denn meine Eltern hüllten sich nicht in Schweigen, sondern erzählten von den Erlebnissen während ihrer Jugend und der des Krieges. Sie hatten sonst keine andere Möglichkeit, das Erlebte zu verarbeiten. Doch ich spürte, dass noch vieles ungesagt blieb. Mir fehlte anfangs die Reife, die richtigen Fragen zu stellen. Erst kurz vor ihrem Tod berichteten sie von gefährlichen und unangenehmen Situationen und offenbarten ihre Gedanken und Gefühle ...

Übung 37: Aus einer anderen Sicht erzählen

Geschichten können aus unterschiedlichen Perspektiven erzählt werden. Probiere einmal, einen Sachverhalt, ein Problem oder einen Konflikt aus mehreren unterschiedlichen Blickwinkeln aufzuschreiben. Später kannst du die einzelnen Teile aneinanderreihen. Jeder Protagonist sieht die Sache mit anderen Augen, interpretiert das Geschehen auf seine Weise, zieht eigene Schlussfolgerungen und entwickelt dazu seine ganz persönliche Haltung.

Vier Beispiele:

1. *In einem Mietshaus gibt es ein Problem. Jeder Bewohner des Hauses hat dazu eine eigene Position.*

2. *In einem Mehrfamilienhaus hat es einen Toten gegeben. Ist es Mord? Jeder Bewohner scheint ein Motiv zu haben und könnte der Täter sein.*

3. *Eine Familie hat einen Konflikt. Lass jedes Familienmitglied seine Sicht der Dinge erzählen.*

4. *In einem Dorf gibt es unterschiedliche Interessen, was das Leben in der Gemeinschaft betrifft. Der Reihe nach können die einzelnen Akteure vorgestellt werden. Am Abend treffen sich alle im Gasthof.*

Finde jeweils zu den unterschiedlichen Sichtweisen eine passende Rahmenhandlung, z.B. eine Befragung bei der Polizei oder vor Gericht, die Erzählung einer Unbeteiligten, eines neutralen Besuchers oder eines Zeugen.

Die Themen liegen auf der Straße

Die Themen liegen auf der Straße oder besser gesagt, sie sind in unserer Gesellschaft deutlich sichtbar. Manchmal brauchen wir uns beim Schreiben gar nichts auszudenken, sondern müssen nur aufmerksam zuhören, was die Menschen um uns herum bewegt.

 Übung 38: Den Zwiespalt deutlich machen

Welche gesellschaftlichen Konflikte nimmst du wahr? Vielleicht ist es das Thema Gerechtigkeit zwischen Alt und Jung, Gleichstellung von Mann und Frau, Strukturausgleich zwischen Stadt und Land, Ost und West oder die Konkurrenz von Auto und Fahrrad, Fernsehen und Internet.

Was beobachtest du? Was spricht dich an? Versuche, die unterschiedlichen Standpunkte in diesen Konflikten nachzuvollziehen und die Meinungen zu verstehen. Mache den Zwiespalt deutlich und frage dich, was das mit deinem eigenen Leben zu tun hat und wie du zu der Sache stehst.

Informiere dich in der Zeitung und bei gut recherchierten Berichten im Fernsehen oder im Internet.

Übung 39: Philosophie für die Westentasche

Wir alle sind Philosophen, wenn wir über unsere gesellschaftlichen und persönlichen Werte nachdenken.

▷ Was ist für dich Gerechtigkeit?
▷ Wann würdest du von Treue sprechen?
▷ Was bedeutet dir Vertrauen und Ehrlichkeit?
▷ Was bedeutet für dich Geborgenheit?
▷ Was verstehst du unter Liebe?
▷ Wie definierst du den Begriff Heimat?

Schreibe deine Gedanken auf.

Es gibt viele Themen, über die wir unsere ganz persönlichen Vorstellungen zu Papier bringen können: Schuld, Vergebung, Abschied, Aufbruch, Trennung, Sterben, Tod, Trauer, Verzweiflung, Trost, Glaube oder Hoffnung.

Wähle einen dieser Begriffe aus und schreibe dazu deine Gedanken auf.

Übung 40: Mache dir Gedanken, auch beim Schreiben

Wie ist deine Meinung zu Themen wie Klimaschutz, Umweltschutz, Tierwohl, Boykott von Billigware, soziale Gerechtigkeit, Solidarität oder Mindestlohn? Wünscht du dir mehr gesellschaftliche Ordnung und Gerechtigkeit? Doch wie lässt sich das erreichen? Schreibe auf, was du denkst.

Das Schreiben selbst kann zum Denken werden. Du kannst während des Schreibens deine Gedanken entwickeln und dir eine Haltung erarbeiten. Schreibe Satzanfänge wie diese weiter:

Ich mache mir oft Gedanken über ....
Ich könnte mir vorstellen, dass ...
Ich habe die Hoffnung, dass ...
Ich bin der Meinung, dass ....
Meiner Meinung nach ....
Ich glaube, dass ...

 **Übung 41: Schreibe ein modernes Märchen**

Formuliere ein modernes Märchen mit einem guten Ausgang.
Du kannst dazu ein brennendes Thema der Gegenwart wählen.

Zu einem Märchen gehören für gewöhnlich Märchenfiguren
mit besonderen Eigenschaften und ungewöhnlichen Fähigkeiten: Feen, Zwerge, Königinnen, verzauberte Wesen, alte Weise,
verspielte Narren und sprechende Tiere. Die Märchenwelt ist
für die Hauptfigur zwar gefährlich, aber auch klar strukturiert:
Es gibt Gut und Böse, Dumme und Schlaue sowie Helfer und
Gegenspieler. In Märchen passieren Dinge, die es in der realen
Welt nicht gibt. Und am Ende wird alles gut, meist mit dem
Schlusssatz verbunden „Und wenn sie nicht gestorben sind, dann
leben sie noch heute."

Wähle eine aktuelle Szenerie und nutze die Grundregeln des
Märchens für deine Geschichte. Erfinde passende Märchenfiguren mit besonderen Fähigkeiten und plane einen guten Ausgang,
wie in dem Beispiel mit dem Titel: Die erschöpfte Welt:

Vor langer, langer Zeit lebten einmal eine Forelle und ein Barsch in
einem Fluss, der durch eine kleine Stadt führte. Oft schwammen die
beiden Fische um die Wette. Kopfübertauchen war ein Spiel, das der
muntere Barsch und die flinke Forelle gern spielten. Manchmal blie-
ben beide auch regungslos am Ufer liegen, träumten und lauschten
den Geräuschen des Flusses. An vielen Stellen des Gewässers trafen

sie andere Fische. Gemeinsam schwammen sie mal flussaufwärts, mal flussabwärts, immer fröhlich und zu Späßen aufgelegt. Allen Tieren machte es Freude, in dem kleinen Fluss zu leben.

Es war an einem Sommertag. Lange Zeit hatte es nicht mehr geregnet. Der kleine Fluss hatte wenig Wasser. Einige Fische stöhnten schon und wünschten sich ein kräftiges Gewitter. Mit der Strömung kamen plötzlich weitere Fische, die schrien: „Schnell weg! Beeilt euch! Hilfe!" Der Barsch erkannte eine schwarze Wolke im Wasser hinter ihnen. Voller Sorge sah er sich nach seiner Freundin, der Forelle, um. Glücklicherweise erblickte er sie neben sich und gemeinsam schwammen sie mit der Strömung weiter.

Bald merkten alle Fische den fauligen Geschmack der schwarzen Brühe. „Brrr!", schimpfte der Barsch. „Mir wird ganz übel und schwindelig", jammerte die sonst so muntere Forelle. Völlig erschöpft ruhten sich beide im Schilf aus. Nach einiger Zeit war die Aufregung erst einmal vorbei. Die Tiere erholten sich langsam. Die schwarze Brühe floss weiter zum Meer.

Aber den fauligen Geschmack bekamen die Fische in der nächsten Zeit noch häufiger in ihre Kiemen. Das Leben in dem kleinen Fluss war nun nicht mehr so vergnüglich wie früher. Auch war das Wasser nicht mehr so erfrischend. „Was kann man dagegen denn nur tun?", fragte die Forelle.

Der Barsch ließ den Kopf sinken und wusste keine Antwort.

Die Tage vergingen. Wieder und wieder waren sie dieser ungenießbaren Flüssigkeit ausgesetzt. Die Forelle und der Barsch waren schon so kraftlos geworden, dass sie sich nur noch im Schilf aufhalten konnten. Sie jammerten und stöhnten und hatten kaum noch Hoffnung auf Besserung.

Ein kleiner Junge saß am Flussufer und wollte den Fischen zuschauen. Ein unangenehmer Geruch kam aus dem Wasser und stieg ihm in die Nase. Doch das Stöhnen beunruhigte ihn noch mehr. Da entdeckte er, dass es aus dem Schilf kam. Er hörte, wie der Barsch jammerte: „Ich fühle mich so elend. Immer schwächer werde ich. Bald reißt mich die Strömung mit, weil ich keine Kraft mehr habe."

Die Forelle wimmerte: „In diesem fauligen Abwasser halten wir es nicht mehr lange aus. Mir ist so übel. Ich bekomme kaum noch Luft. Nein, sterben will ich noch nicht. Ich bin viel zu jung." Der Junge sah, dass den Tieren dicke Tränen über die Kiemen liefen. „Ach, ihr armen Fische!", sagte er traurig. „Wie ist es denn zu eurem Leid gekommen?"

„Das ist eine lange Geschichte?", sagte der Barsch traurig. „Ich will sie aber gern erzählen. Siehst du dort drüben die Schornsteine und das große Gebäude. Es sieht wie ein Ungeheuer aus. Jeden Tag, wenn die Turmuhr siebenmal schlägt, kommt aus der Fabrik eine faulige Flüssigkeit in unseren Fluss. Von dieser Flüssigkeit wird uns Fischen übel." „Ja, die Brühe brennt entsetzlich in den Augen", ergänzte die Forelle. „Wir versuchen dann immer wegzuschwimmen. Aber an anderen Stellen im Fluss ist es auch nicht besser." „Ihr seid diesen Untaten wehrlos ausgeliefert", stellte der Junge mitleidig fest. Er war entsetzt über die Grausamkeit der Menschen. Er konnte nicht fassen, wie verantwortungslos und gedankenlos sie ihre Umwelt zerstörten.

Der kleine Junge schaute in die Richtung, in der das Fabrikgebäude stand. Bisher hatte er es ganz anders wahrgenommen. Sein Vater arbeitete dort und erzählte immer nur, dass dort wichtige Dinge hergestellt werden.

Jetzt aber starrte der Junge auf diese unheimlich wirkenden Schornsteine, die wie um die Wette qualmten. Die Forelle krümmte sich wieder vor Schmerzen und jammerte: „Wenn das nicht aufhört, geht es mit mir bald zu Ende." Der Junge sah in ihre traurigen Augen und wünschte sich sehr, den armen Tieren helfen zu können. Er wusste nur nicht wie.

Da tauchte auf einmal unter lautem Getöse ein Wassermann aus der Tiefe auf. Alle erschraken. Doch der Wassermann hatte freundliche Augen und sagte mit sanfter Stimme: „Ich glaube, ich weiß einen Ausweg."…

Übung 42: Fragen über Fragen

Vielleicht geht es dir auch so, dass dir fast täglich große Fragen und Gedanken durch den Kopf gehen. Diese oder ähnliche Fragen stellen sich Menschen überall auf der Welt zu allen Zeiten.

Geh den Fragen nach, schreibe auf, was du denkst:

▷ Welche Werte machen unsere Gesellschaft aus? Welche sind mir wichtig?
▷ Wie groß ist meine Sehnsucht nach Gerechtigkeit und Ordnung?
▷ Welche Ängste kenne ich? Wie gehe ich mit ihnen um?
▷ Welche Wünsche habe ich?
▷ Was ist Glück?
▷ Wie sieht eine gerechte Welt aus?
▷ Was kann ich tun, um die Welt zu bewahren?

▷ Wie lernt man, empathisch zu sein?
▷ Was ist Demut?
▷ Was bedeutet es, ein gelingendes Leben zu führen?

▷ Was tun wir für Toleranz und Solidarität?
▷ Wie gehe ich mit anderen um? Wie gehen andere mit mir um?
▷ Was ist der Mensch?
▷ Was bedeutet Achtsamkeit für mich?

▷ Wie möchte ich alt werden?
▷ Wie möchte ich meinen Lebensabend verbringen?
▷ Wo finde ich Trost, wenn es mir nicht gut geht?
▷ Welchen Menschen vertraue ich?

All diese Fragen sind nicht neu, aber sie fordern uns immer wieder heraus. Es gibt bereits viele kluge Schriften von Philosophen, die sich manchmal ein Leben lang über diese Themen den Kopf zerbrochen haben. Bei so vielen offenen und tiefgründigen Fragen weiß man oft nicht, wo man anfangen soll.

Ganz einfach: Es ist nicht wichtig, mit welcher Frage du beginnst. Wähle nur eine beliebige aus und beschäftige dich eine Weile damit. Nimm dir für das Thema Zeit. Was beobachtest du? Welche Erfahrungen hast du bereits gemacht? Schreibe über deine Gedanken und Gefühle.

Wenn du Freude am Philosophieren bekommst, nimm dir eine Frage nach der anderen vor und schreibe alles auf, was dir dazu durch den Kopf geht.

Kreativ Ideen sammeln

Ein wichtiger Schritt beim Schreiben ist das Sammeln von Ideen. Beim freien Drauflosschreiben helfen manchmal Stichwortsammlungen für den Einstieg. Für das planvolle Schreiben ist das Sammeln von Ideen mit unterschiedlichen Methoden auf jeden Fall ratsam. Je geschickter diese Kreativtechniken zur Ideenfindung eingesetzt werden, desto besser kann man sie für die Vorbereitung und Begleitung größerer Projekte nutzen.

Probiere alle hier vorgestellten Methoden am besten mehrmals aus, denn oft entwickelt sich ihre Kraft nicht gleich beim ersten Mal. Wähle oder kreiere später Techniken, die dir besonders liegen und dich inspirieren. Mache es dir zur Gewohnheit, zwischen unterschiedlichen Methoden zu wechseln und erledige diesen kreativen Arbeitsschritt vorzugsweise mit der Hand.

Du solltest auch während eines größeren Schreibprojektes hin und wieder deine anfänglichen Sammlungen ergänzen oder zu bestimmten Themen neue erstellen. So bleibst du im Fluss und vermeidest es, unnötig ins Stocken zu geraten.

Tipp 1: Brainstorming

Brainstorming eignet sich vor allem dann, wenn du Ideen zu einem bestimmten Thema sammeln möchtest. Schreibe das Thema oben auf ein leeres Blatt Papier. Beginne mit einer ungeordneten Liste von Wörtern, die dir spontan einfallen. Schreibe flüssig und ohne Unterbrechung einfach immer weiter. Lies nicht, was du schon geschrieben hast. Es ist sehr wichtig, die Einfälle nicht zu bewerten, sondern einfach niederzuschreiben. Was dir auch in den Sinn kommt, schreibe es nieder. Auch wenn es vermeintlich absurd ist, langweilig, unpassend, albern, unverständlich peinlich oder gewöhnlich. Schreibe es auf, ohne darüber nachzudenken. Erlaube deinem Gehirn mit aller Freundlichkeit alles, was es produziert. Du wirst feststellen, dass es dann bald zu Höchstleistungen und überraschender Originalität bereit ist. Erst wenn dir nichts mehr einfällt, solltest du die Wörtersammlung sichten. Markiere die für dich wichtigen Wörter und nimm sie als Grundlage für deine weitere Schreibarbeit.

Tipp 2: Spontanes freies Schreiben

Auch beim spontanen Schreiben solltest du den Schreibfluss nicht unterbrechen und nichts bewerten. Dazu gehört auch, nicht über Rechtschreibung und Grammatik nachzudenken, denn beides ist bei diesen Übungen völlig nebensächlich.

Schreibe diesmal einen Satz nach dem anderen, so wie sie dir gerade einfallen. Erst wenn du das Gefühl hast, dass nichts mehr sprudelt, beendest du die Übung. Am Ende ist nur wichtig, dass so viel wie möglich auf dem Papier steht.

Erst jetzt liest du, was du geschrieben hast. Betrachte deine Textsammlung als Rohmaterial für die Weiterarbeit. Was möchtest du gerne verwenden und was nicht? Manchmal sind es nur einzelne Sätze oder Wörter, manchmal zusammenhängende Absätze, die uns zur Weiterarbeit reizen.

Wähle das, was dir besonders gut gefällt und wozu du weiter schreiben möchtest.

Tipp 3: Spontanes Schreiben zu einem Thema

Ähnlich wie beim Brainstorming oder beim spontanen freien Schreiben, wählst du als Ausgangspunkt auch in dieser Übung ein Thema, zu dem du ohne Unterbrechung und Bewertung schreibst. Das Prinzip ist das gleiche, nur dass du dich jetzt auf das Thema konzentrierst und versuchst, thematisch bei der Sache zu bleiben. Sollten deine Gedanken abdriften, ist es nicht schlimm. Setze den Stift ab und beginne an anderer Stelle mit einem neuen Satz.

Tipp 4: Gedankensonne

Unser Gehirn wird besonders gerne kreativ, wenn wir es ganzheitlich fordern. Das Schreiben wird in den folgenden Übungen deshalb ergänzt durch Malen. Man hat herausgefunden, dass vor allem das schwungvolle Malen von Kreisen unser Denken zum Fließen bringt. Es geht aber nicht darum, etwas gut oder schön zu malen. Wir brauchen vor allem die leichte und spielerisch kreisende Bewegung unserer Schreibhand. Verwende für diese und die folgenden Übungen deshalb unbedingt ein großes, leeres Blatt ohne Linien. Du kannst auch farbige Stifte verwenden, denn Farben sind gutes Futter für unsere Kreativität.

Schreibe in die Mitte des Blattes deinen Begriff, zu dem du gerne Ideen entwickeln möchtest. Kreise das Wort schwungvoll und mehrmals ein.

Dies ist deine Sonne. Schreibe nun die Wörter, Satzteile oder Sätze, die dir einfallen, wie Sonnenstrahlen – immer wieder beginnend in der Mitte – in alle Richtungen. Dabei kannst du das Blatt hin und her drehen. Schreibe so viele Strahlen wie möglich. Nutze den Platz, den du hast, und schreibe immer weiter.

Wenn du fertig bist, betrachte und lese alles in Ruhe. Wähle etwas aus, woran du weiterschreiben möchtest.

Tipp 5: Cluster

Das Cluster sie ist vor allem von Gabriele L. Rico für das Kreative Schreiben weiterentwickelt und verfeinert worden. Die kreativen Impulse kommen hier wie bei der Gedankensonne und bei der Mindmap aus dem Zusammenwirken von bildlichem und begrifflichem Denken.

Beim Cluster ist es ähnlich wie bei der Gedankensonne, nur dass die einzelnen Wörter oder Satzteile eingekreist werden und wie Trauben an einer Kette die „Sonnenstrahlen" bilden. So kann sich Wort an Wort reihen. Ist eine Kette zu Ende, beginnst du wieder in der Mitte und arbeitest an einer neuen Kette mit eingekreisten Wörtern, die dir nacheinander einfallen. So entstehen ausgehend von der Mitte immer wieder neue Assoziationsketten. Vergiss nicht, jedes Wort oder jeden Gedanken schwungvoll einzukreisen!

Das solltest du solange machen, bis du den Eindruck hast, dass dir nichts mehr einfällt. Manchmal lohnt es sich, diese gedankliche Leere einen Moment auszuhalten, aber nicht gleich mit dem Cluster aufzuhören. Gib dir die Chance, nach einer kleinen Pause noch weitere Gedanken aneinanderzureihen.

Tipp 6: Mindmap

Die Mindmap sieht ähnlich aus wie ein Cluster. Sie hat aber eine völlig andere innere Struktur. In der Mitte des Blattes steht wieder dein Zentralwort. Aber die Äste bilden ein thematisch geordnetes Gedankennetz. Die Linien starten in der Mitte und verzweigen sich, wenn das Thema weiter aufgefächert wird.

Neben diesen besonders etablierten Methoden gibt es zahlreiche Variationen, die alle auf dem Prinzip beruhen, dass deine Gedanken mit einer optischen Struktur verbunden sind. So bieten sich auch Gedankenwolken, Ideenbäume, Wörternetze, Gedankenpyramiden, Gedankensplitter oder Tabellen an.

Mit all diesen Methoden verfügst du schon bald über einen umfangreichen Schatz von Worten und Gedanken, mit denen du auf unterschiedliche Weise weiterarbeiten kannst.

Aus diesen kannst du dann einen Text verfassen. Du kannst aber auch nur ein Wort, eine Kette, einen Zweig herauspicken und darüber schreiben. Oder du suchst nach Querverbindungen zwischen den einzelnen Zweigen und Wiederholungen und lässt dich von ihnen inspirieren.

All diese Sammlungen sind offen, du kannst später jederzeit, wenn dir etwas einfällt, weitere Ideen, neue Linien und Verbindungen ergänzen.

Wenn die Arbeit stockt –
Neun Tipps gegen Schreibblockaden

Du musst nicht in Panik verfallen, wenn du vor dem weißen Blatt verharrst und keinen Anfang findest oder wenn es mitten im Schreiben plötzlich nicht weiterzugehen scheint. Das passiert auch Profi-Schreibern.

Bleibe freundlich mit dir. Verzeih dir, wenn du unkonzentriert bist und nicht das zustande bringst, was du dir erhofft hast. Es braucht oft nur einen kleinen Impuls und schon kann die Arbeit weitergehen.

Schreibblockaden kommen immer wieder vor und können viele Ursachen haben:
▷ Erinnerungen an ungute Schulerfahrungen
▷ ein zu hoher Anspruch an sich und sein Werk
▷ ein zu groß angelegtes Projekt
▷ ein unpassendes oder unergiebiges Thema
▷ die Sorge vor kritischen Lesern
▷ die Angst, zu versagen oder sich zu blamieren
▷ der Eindruck, keine Ideen oder kein Talent zu haben

Es kann gut sein, dass in deinem Kopf zu viele Gedanken kreisen, die sich gegenseitig hemmen und irritieren. Dann sitzt du vor dem weißen Blatt und weißt nicht, wie du beginnen könntest. Vor lauter Zweifel und Unsicherheiten möchtest du das Blatt und den Stift am liebsten ganz beiseitelegen. Doch das solltest du nicht tun. Verlasse bewusst das Kreisen negativer Gedanken und konzentriere dich auf das, was dir leicht fällt. Hier bekommst du ein paar erprobte Tipps, wie du einer Schreibblockade begegnen kannst.

Tipp 1: Sorge für dich

Schalte möglichst alles aus, was dich beim Schreiben stören könnte, vor allem dein Smartphone. Teile den Menschen um dich herum mit, dass du dich eine Weile zurückziehst und nicht gestört werden möchtest. Vielleicht brauchst du einen Ortswechsel oder etwas Bewegung an der frischen Luft. Mache einen Spaziergang, lies ein Buch oder schau dir einen Film an. Entspanne dich, löse dich aus der festgefahrenen Situation und sorge für ein gutes Gefühl. So kann sich dein Gehirn entspannen. Oft erledigt man nach einer Pause die scheinbar unlösbaren Aufgaben mit einer überraschenden Leichtigkeit.

Tipp 2: Schreibe über die Blockade

Wenn das nicht hilft, ergründe die Ursachen für die momentane Situation.

Stelle dir zum Beispiel folgende Fragen:
▷ Hatte ich schon einmal eine Schreibblockade?
▷ Wann passiert so etwas und wie fühlt es sich an?
▷ Was habe ich bisher getan, um wieder ins Schreiben zu finden?

▷ Was fällt mir beim Schreiben leicht und was bereitet mir Mühe?

▷ Welche Textsorten mag ich, welche nicht?

▷ Wie habe ich meinen Text bisher vorbereitet?

▷ Worüber würde ich gerne schreiben?

▷ Was steht mir im Weg?

Schreibe deine Antworten auf. Erzähle von deiner Schreibblockade.

Tipp 3: Gehe einen Schritt zurück

Wenn du keinen Anfang findest, setze wieder bei deiner Wörtersammlung an. Sichte noch einmal, was du bisher aufgeschrieben hast, ergänze deine Liste oder fange eine neue an. Nimm eine Schere und schneide bedeutungsvolle Wörter aus, schiebe alles hin und her und suche nach einer neuen Reihenfolge. Klebe die Wörter auf ein neues Blatt und hangle dich an ihnen entlang. Setze eine vorläufige Überschrift über alles. Schreibe nun diesen Text auf.

Tipp 4: Konzentriere dich auf den ersten Schritt

Oft ist das Projekt im Kopf erdrückend groß: Es soll gleich ein Roman werden, am besten ein Bestseller, eine Trilogie oder etwas, was es noch nie gegeben hat und ein Buch, das die Welt verändert. Überdenke deinen Anspruch und unterteile den langen Weg zum großen Ziel in kleine Teilabschnitte.

Welches könnte dein erster kleiner Schritt sein? Denke dabei nicht an das große Ganze, sondern konzentriere dich auf den nächsten machbaren Schritt.

Tipp 5: Verschiebe auf später, was jetzt nicht dran ist

Auch Befürchtungen über negative Reaktionen anderer können zu einer Blockade führen. Die Kritik möglicher Leser ist etwas, wovor du beim Schreiben keine Angst haben solltest. Mache es dir nicht unnötig schwer, sondern konzentriere dich auf dein Vorhaben, deine Idee, deine Geschichte.

Stelle dich den Fragen, wenn es soweit ist.

Tipp 6: Beginne da, wo es dir leicht fällt

Wenn es dir schwer fällt, den Anfang zu schreiben, dann beginne einfach an einer anderen Stelle deiner Geschichte, beim Ende oder irgendwo mittendrin. Wähle eine Stelle oder eine Situation, die dir bedeutsam erscheint und die du vielleicht längst im Kopf hast. Die Reihenfolge, in der du die einzelnen Teile deines Textes schreibst ist beliebig. Den Anfang kannst du auch später noch schreiben.

Tipp 7: Koste den Schreibfluss aus

Wenn du gerade gut im Schreibfluss bist, schaue nicht zurück. Lies nicht, was du gerade zu Papier gebracht hast, sondern lass deine Gedanken ungestört weiter aus der Feder fließen. Korrigieren kannst du später immer noch. Bleibe solange dran wie möglich und koste es aus, bis der Schreibfluss von alleine endet.

Tipp 8: Gönne deinen Texten Ruhezeiten

Wenn du mit einem Text überhaupt nicht weiterkommst, lege ihn weg und arbeite an einem anderen, bei dem es dir gerade leichter fällt weiterzuschreiben. Texte müssen reifen und brauchen hin und wieder Ruhezeiten. Irgendwann kannst du dir den unfertigen Text wieder vornehmen und mit frischen Ideen weitermachen. Vielleicht stellst du nach einer Zeit der Ruhe auch fest, dass es sich nicht lohnt, weiter daran zu arbeiten. Du darfst dir so viele unvollendete Texte leisten wie nötig. Trotzdem bringt dich jedes Wort, das du geschrieben hast, ein Stück weiter auf deinem Weg.

Tipp 9: Suche dir Gleichgesinnte

In einer Schreibgruppe kannst du gemeinsam mit anderen spielerisch schreiben. Die Impulse der Gruppe können dich immer wieder neu anregen, sodass du Schreibblockaden schnell überwinden kannst. Schreibgruppen haben den Vorteil, dass es meist einen fruchtbaren Austausch gibt und du erste Testleser finden kannst. Außerdem gibt es viele Gruppen, in denen Schreibspiele gemacht und Tipps fürs Schreiben ausgetauscht werden. Die gemeinsame Freude am Schreiben steht in diesen Gruppen oft im Vordergrund, dennoch lernt man nebenbei auch voneinander.

Das Schreibhandeln –
Gründe und Hintergründe fürs Schreiben

Häufig erlebe ich, dass sich Menschen – obwohl sie viel zu erzählen haben – nicht überwinden können, etwas aufzuschreiben. Ich möchte die Zögernden gerne zum Schreiben verführen, will sie überreden und überzeugen, über den eigenen Schatten zu springen. Es lohnt sich. Ich möchte denen, die noch unsicher sind und zweifeln, Mut machen. Niemand erwartet von dir, dass du dich hinsetzt und große Literatur zu Papier bringst. Das ist unrealistisch. Es geht mir um etwas anderes: Ich möchte dir zeigen, dass Schreiben Freude und Wohlbefinden bringt und sogar glücklich machen kann. Nur mit Stift und Papier. Wenn wir uns von Vorschriften lösen, wenn wir den Schritt vom Erzählen zum Schreiben schaffen und wenn wir unsere Ansprüche anpassen, können wir Wunderbares schaffen.

Ich möchte dich dazu anregen, dich einfach hinzusetzen und frei von Ängsten zu schreiben, wie und was du möchtest. Aus eigener Erfahrung weiß ich, dass Schreiben einen positiven Einfluss auf unser Leben und unsere Entwicklung hat. Ich weiß, wie es ist, in andere Welten einzutauchen, und wie es sich anfühlt, wenn der ganze Körper der Schreibhand folgt. Ich erlebe selbst beim Schreiben, wie

Vergessenes aus der Tiefe ans Licht kommt und wie schön es sein kann, das Kind, das man gewesen ist, zurück zu zaubern. Der Moment, wenn die Seele berührt wird, ist jedes Mal ein besonderes Geschenk.

Beim Schreiben ist einfach alles möglich: Wir können etwas wagen und ausprobieren, ohne Schaden zu nehmen. Wir können Gefühle und Gedanken klären und neue Wege gehen. Im Laufe der Zeit wird uns auch immer klarer, warum wir schreiben, was uns besonders liegt und welche Art zu schreiben ergiebig für uns ist. Mit Hilfe der Ideensammlungen können wir uns sichtbar und bewusst machen, was uns bewegt, welche Ideen wir bereits haben und worüber wir schreiben möchten.

Viele bekannte Schriftsteller suchen auf diese oder ähnliche Weise Inspiration. Sie sammeln ihre Ideen und klären beim Spiel mit den Worten, worüber sie schreiben möchten und welche Absichten sie mit ihren Texten verfolgen. Dabei fließen selbstverständlich ihre Lebenserfahrungen und sprachlichen Vorlieben in die Arbeit mit ein.

Die individuelle Strategie eines Autors und die Art und Weise, wie er an seine Texte herangeht, werden als *Schreibhandeln* bezeichnet.

Wie dieses genau aussieht, hängt von vielen Faktoren ab:
▷ von den eigenen Erfahrungen, der Sozialisation und Kulturzugehörigkeit,
▷ vom sozialen Kontext möglicher Adressaten,
▷ von den Texten anderer Autoren, die zum individuellen oder kulturellen Allgemeinwissen gehören,
▷ von den aktuellen gesellschaftlichen Diskussionen, Themen und Bedingungen.

Hier sind ein paar interessante Einblicke in das Schreibhandeln erfolgreicher Schriftsteller:

Wilhelm Busch hat als Kind oft Unsinn gemacht. Seine berühmten Figuren Max und Moritz sind für ihre bösen und makabren Streiche bekannt. Der groteske Humor seiner Texte birgt oft eine subtile Grausamkeit. Wilhelm Busch hat ein negatives Menschenbild und eine Weltsicht, die keinesfalls unbeschwert und positiv gewesen ist, sondern eher pessimistisch und düster.

Matthias Claudius hat sehr bescheiden gelebt. Gerne ist er in der Natur gewesen und hat genau beobachtet, was dort vor sich geht. Das bekannteste Lied, das er geschrieben hat, ist das Abendlied „Der Mond ist aufgegangen".

Charles Dickens hat schon als Kind Geld verdienen müssen. Seine demütigenden und ungerechten Erfahrungen und die bittere Armut haben ihn zum Schreiben inspiriert. Seine Romanhelden erleben ganz ähnliche Dinge wie er selbst.

Josef Guggenmos hat Gedichte für Kinder geschrieben. Er wollte damit Kinder wacher, lebendiger, furchtloser und fröhlicher machen. Durch ihn ist das Haiku in Deutschland bekannt geworden.

August Hoffmann von Fallersleben hat singende Kinder mit Engeln verglichen. Deshalb hat er viele Kinderlieder gedichtet und komponiert. Seine Lieder haben ihn und sicherlich viele Kinder glücklich gemacht.

Erich Kästner ist als junger Mann zum Kriegsdienst einge-
zogen worden und mit einem Lungenleiden zurückgekehrt.
In seinen Texten spricht er sich gegen jeglichen Dienst mit
der Waffe aus und plädiert für ein friedliches Miteinander
der Menschen.

James Krüss hat erklärt, dass sein inneres Kind immer
lebendig geblieben ist. Kinder sind ihm wichtig gewesen
und er hat sie ernst genommen. Mit seinen Gedichten und
Geschichten, in denen er geschickt mit der Sprache gespielt
hat, hat er ihnen die Welt erklärt und ihnen Hoffnung auf
Frieden gemacht.

Christian Morgenstern ist als Kind oft krank gewesen. Dennoch hat er Freude am Leben gehabt und einen ganz eigenen Humor entwickelt. Das Formulieren von Versen und
das Spielen mit Sprache haben ihm Freude gemacht und
sind seine größten Gaben. Bekannt sind seine Galgenlieder,
die Gedichte vom „Lattenzaun" und vom „Trichter".

Auch *Joachim Ringelnatz* ist bekannt für viele humorvolle
Gedichte, die bis heute ihren Reiz und Heiterkeit nicht verloren haben.

Friedrich Schiller hat die Welt mit allen Sinnen wahrgenommen und mit einfühlsamer Sprache aktuelle und zeit-
lose Themen aufs Papier gebracht. In seiner Schublade haben immer einige faulende Äpfel gelegen, deren intensiver
Duft ihn zum Schreiben angeregt haben.

Wie man an diesen skizzierten Beispielen sieht, kann das Schreibhandeln eine besonders sinnstiftende, erfüllende und sehr lebendige Tätigkeit sein. Durch das regelmäßige Schreiben entwickelt sich die Schreibkompetenz stetig weiter und die Identifikation mit den eigenen Texten wird größer. Ist man in der Rolle des Autors angekommen, gehört es selbstverständlich dazu, den Namen auch über oder unter den Text zu setzen und so seine Autorenschaft zu zeigen.

Schreibstrategien ausprobieren

Schreibstrategien helfen, das weiße Blatt zu füllen. Du hast viele unterschiedliche Möglichkeiten. Einige stelle ich vor und zeige anhand konkreter Beispiele und Übungen, wie groß die Bandbreite ist und wie vielfältig Schreiben sein kann.

In der Praxis überschneiden und vermischen sich diese Strategien selbstverständlich. Du kannst ausprobieren, was dich anspricht.

Tipp 1: Schreibe drauflos

Das spontane Schreiben hast du schon kennengelernt und erprobt. Das Wichtigste und zugleich Schwerste ist, nicht nachzudenken und nicht zu korrigieren. Für Schreibanfänger ist das eine sehr gute Übung, um sich von Schreibmustern zu befreien. Irgendwann verspürst du dann vielleicht den Wunsch, das Schreiben mehr zu planen. Erlaube dir dann aber hin und wieder das spontane Drauflosschreiben als eine Lockerungsübung.

Tipp 2: Suche dir woanders einen Anfang

Auch diese Methode hast du vielleicht schon getestet. Geschichtenanfänge lauern überall. Überall, wo du Sprache findest, gibt es Anfänge. Du kannst erste Sätze von anderen Autoren übernehmen und deinen eigenen Text entstehen lassen. Du kannst Werbesprüche, Redewendungen oder Zeitungsartikel, Bemerkungen aus Interviews im Fernsehen oder Kommentare in den Sozialen Medien für deine Texte nutzen.

Tipp 3: Starte mit deiner Sammlung

Wie du Wörter und Ideen sammeln kannst, hast du schon gesehen. Es gibt unzählige Möglichkeiten, wie du nun damit weiterarbeiten kannst. Auch dazu habe ich dir schon ein paar Tipps gegeben. Picke einzelne Wörter oder Gedanken heraus und spinne sie weiter. Nimm eine Handvoll Wörter, die auf den ersten Blick nichts miteinander zu tun haben, und verbinde sie durch einen Text. Oder nutze das Zufallsprinzip, indem du Wörter auf Zettel schreibst und dann eins oder mehrere ziehst.

Denke dir eigene Methoden aus, wie du deine Sammlungen nutzen kannst.

Tipp 4: Erstelle eine Reihenfolge oder Gliederung

Denke zunächst über den Ablauf deines Textes nach. Womit willst du beginnen? Was soll am Ende stehen? Welche Stationen passen dazwischen?

Skizziere eine Gliederung oder eine Reihenfolge.

Schreibe nun entlang dieser Struktur und fülle die Gliederungspunkte mit Inhalt. Die Methode eignet sich gut für längere Erzählungen oder Romane.

Tipp 5: Entwickle den Inhalt im Kopfkino

Denke dir eine Geschichte aus und lass sie in deinem Kopf Schritt für Schritt entstehen. Betrachte die Figuren und das, was passiert, und lass die Handlung vor deinem inneren Auge wie einen Film ablaufen. Du kannst auch die Stopp-Taste drücken und dir einige Szenen genauer ansehen.

Beginne zu schreiben, wenn deine Geschichte im Großen und Ganzen fertiggedacht ist. Selbstverständlich kannst du beim Schreiben noch neue Ideen oder bessere Alternativen einbauen.

Diese Methode eignet sich besonders gut für Autoren, die leichten Zugang zu ihren inneren Bildern haben.

Tipp 6: Sammle Material und schreibe dann

Wenn du ein grob umrissenes Thema hast, kannst du Material dazu sammeln. Zeitungsausschnitte, Bilder, Zitate, Erinnerungen oder Dokumente. Sortiere alles, was du gefunden hast, und entwickle daraus eine Gliederung. Geeignet ist dieses Vorgehen vor allem bei Familiengeschichten, historischen Romanen, Biografien und zeitkritischen Texten.

Tipp 7: Schreibe einzelne Teile und füge sie zusammen

Du solltest alles aufbewahren, was du schreibst, auch wenn es unfertig oder nur skizzenhaft ist. Wenn du nach und nach einen Fundus zusammen hast, sichte und ordne alles. Vielleicht gibt es Fragmente, die du zusammenfügen kannst, etwas, was zusammen passt und so einen größeren Text bilden könnte. Fülle die Lücken, gleiche die Texte stilistisch an und ergänze, was noch fehlt.

Du kannst auch bewusst viele kleine Teile unabhängig voneinander zu einem Thema schreiben. Später kannst du sie Schritt für Schritt zu einem größeren Projekt zusammenfügen.

Formen des Schreibens

Es gibt vielfältige Formen des Schreibens. Einige sind durch klare Anleitungen, die von den Schreibenden zu erfüllen sind, gekennzeichnet, und andere sind völlig frei in der Darstellung. Die Formen verdeutlichen dir, auf welche Art du dich ausdrücken kannst.

Auf den folgenden Seiten lernst du mehrere Formen des Schreibens kennen. Du wirst mit dem Assoziativen Schreiben, Kreativen Schreiben, Expressiven Schreiben, Kommunikativen Schreiben, Kooperativen Schreiben näher vertraut. Bei dieser Auswahl handelt es sich um freie Formen des Schreibens. Hierbei werden keine Vorgaben gemacht, stattdessen werden deine Kreativität, die Kommunikative Kompetenz, die Ausdrucks- und Darstellungsfähigkeit sowie die Eigen- und Fremdwahrnehmung gestärkt. Gerade über freie Formen wird auch die Motivation der Schreibenden gestärkt. Die Schreibenden werden nicht unter Druck gesetzt und unterliegen keinem Zwang, Anweisungen zu befolgen. Deshalb wird auch niemand überfordert. So werden alle Chancen genutzt, die unterschiedlichen Eindrücke, denen Menschen ausgesetzt sind, auf ihre persönliche Art zum Ausdruck bringen zu können. So gibt es keine falschen Texte, sondern immer wieder individuelle Produkte.

Zu diesen freien Formen des Schreibens findest du Übungen und Beispiele. Du kannst selbst herausfinden, welche Formen des Schreibens du favorisierst.

Assoziatives Schreiben

Das assoziative Denken hast du bereits bei der Gedanken-sonne und dem Cluster kennengelernt. Für diese Art des Schreibens brauchst du ein Gefühl innerer Freiheit und eine gute Portion Neugier auf die selbst.

Eine Assoziation ist das, was dir spontan einfällt, wenn du etwas siehst, riechst, schmeckst, fühlst oder hörst. Beide Gehirnhälften arbeiten beim Assoziieren eng zusammen und vernetzen sich durch das Zusammenspiel von Sinnes-reizen, Bildern und Rhythmen.

Bei den folgenden Übungen schreibst du alles nieder, was dir spontan zu einem der vorgeschlagenen Sinneseindrücke einfällt.

Übung 43: Sich von Sinneseindrücken inspirieren lassen

Ästhetische Erfahrungen machen wir mit allen Sinnen. Sie be-eindrucken uns, binden die Wahrnehmung und bieten Anstöße für genaues Betrachten.

▷ Betrachte ein Bild und schreibe auf, was dir dazu einfällt.
▷ Höre Musik und lasse deinen Gedanken freien Lauf, schreibe direkt beim Hören oder danach auf, was dir im Kopf herum-

geht. Genauso kannst du bei Geräuschen in deiner Umgebung vorgehen, dem Plätschern eines Bachlaufes, dem Vogelgezwitscher oder dem Lachen spielender Kinder. Spitze die Ohren und lass dich anregen.

▷ Geh in die Küche, zu einem Marktstand oder in die Natur und schnuppere an den Gewürzen, Blüten und Kräutern. Wenn du an einem Duft hängenbleibst, lass dich ganz auf ihn ein. Was fällt dir spontan dazu ein? Vielleicht hast du schon einmal erfahren, wie bestimmte Düfte bei dir wirken – eine gerade neu geteerte Straße, die noch warmen Weihnachtskekse auf dem Backblech, frisch gemähtes Gras oder anderes. Was es auch ist, nimm den Stift und schreibe. Besonders Düfte rufen leicht und schnell Stimmungen, Erinnerungen und Gefühle wach.

Dein Text beginnt im Jetzt und im Hier ohne konzeptionelle Planung. Lass dich von den eigenen Gedanken überraschen. Schreibe alles auf, was dir gerade in den Sinn kommt. Alles, was du schreibst, ist richtig. Bringe deine Gedanken so zu Papier, wie sie gerade kommen. Es muss noch keine fortlaufende Geschichte sein oder ein sprachliches Kunstwerk. Es geht darum, erst einmal nur Sätze aneinanderzureihen. Denk nicht nach, sondern schreib ein paar Minuten, bis du merkst, dass nichts mehr kommt.

Wenn du diese Übungen regelmäßig praktizierst, wirst du feststellen, dass du bald zu verborgenen Teilen deiner Persönlichkeit durchdringst. Das gilt auch für das Aufschreiben von Träumen und Erinnerungen. Aktiviere dabei auch bewusst die Glücksmomente deines Lebens und Erlebens. Schreibe auch über deine Wünsche und das, was dir gut tut.

Beim Duft von Kamillenblüten erinnerte sich eine Teilnehmerin der Schreibwerkstatt sofort an eine Situation aus ihrer Kindheit, wie sie mit einer Erkältung im Bett lag und ihre Oma sie mit einem wohlrie-

chenden Tee verwöhnte. Sie war so ergriffen von ihren Erinnerungen
und Gefühlen, dass sie die Geschichte spontan aufgeschrieben hat.

Übung 44: Sprüche, Redewendungen und Weisheiten als Quelle der Inspiration

Welche Sprichwörter oder Redewendungen sind dir geläufig?
Welche davon regen spontan deine Gedanken an? Wähle aus
und schreibe, was dir durch den Kopf geht:

Ich lege mein Geld auf die hohe Kante.
Sie kann den Braten riechen.
Ich lege eine Schüppe drauf.
Das geht auf keine Kuhhaut.
Ich muss in den sauren Apfel beißen.
Ich habe lieber den Spatz in der Hand als die Taube auf dem
Dach.
Ich höre das Gras wachsen.
Er benimmt sich wie ein Elefant im Porzellanladen.
Ich habe Schwein gehabt.
Er hat nicht alle Tassen im Schrank.

Sprüche, Redewendungen, auch Werbesprüche und bekannte
Liedzeilen sind Texte, die sich in unser Gehirn förmlich einge-
brannt haben. Vielleicht verbindest du auch mit dem einen oder
anderen Spruch eine konkrete Erinnerung. Viele Erwachsenen
verwenden Weisheiten, um Kindern ihre Werte zu vermitteln.
Welche dieser Sprüche sind dir heute wichtig und warum? Gegen
welche Sätze hegst du eine Abneigung?

Kreatives Schreiben

Das Kreative Schreiben kann gar nicht eindeutig definiert werden, denn die Grundlagen, Methoden und Ziele sind zum Teil sehr unterschiedlich. Was aber alle Richtungen eint, ist das Bemühen um einen sprachlich-kreativen Prozess.

Es geht um Methoden, mit denen Menschen zum Schreiben epischer, dramaturgischer und lyrischer Texte angeregt und angeleitet werden.

Im Mittelpunkt steht der Prozess des Schreibens, der durch assoziative, gestaltende und überarbeitende Methoden trainiert wird.

Kommt dir das bekannt vor? Die vielen Übungen und Tipps in diesem Buch, die Schreibspiele und Methoden, die du in diesem Buch bereits kennengelernt hast, gehören zum Ideenpool des Kreativen Schreibens. Sie sollen einen lustvollen Zugang zur Sprache und zum schriftlichen Ausdruck ermöglichen und einem die Angst vor dem leeren Blatt nehmen, wobei die Schreibenden nicht unbedingt anspruchsvolle Texte hervorbringen müssen.

Oft geht es in Kursen mit dem Titel „Kreatives Schreiben" darum, schreibend Freude an der Sprache zu bekommen und die eigene Rolle zu reflektieren. Die Gruppe soll einen motivierenden und inspirierenden Effekt für alle haben. Ob und unter welchen Bedingungen Texte auch veröffentlicht werden, bleibt jedem selbst überlassen und steht nicht im Vordergrund.

 Übung 45: Schreibe ein kleines Gedicht

Klassische Formen beim kreativen Schreiben sind die lyrischen Kurzformen Elfchen, Senryû oder Akrostichon. Sammle Wörter und Gedanken zu einem Thema und probiere diese Kurzformen aus.

Ein Elfchen besteht aus elf Wörtern.
Ziehe für ein Elfchen fünf Linien.
Schreibe in die erste Zeile ein Adjektiv zu deinem Thema.
Schreibe in die zweite Zeile ein Nomen mit Begleiter.
Beschreibe das Nomen in der dritten Zeile in drei Wörtern.
In der vierten Zeile kannst du deine Empfindung in vier Wörtern mit einbeziehen.
In der fünften Zeile findest du mit einem Wort einen Abschluss.

Ein Senryû besteht aus drei Zeilen.
In der ersten Zeile muss dein Text zu einem Thema aus fünf Silben bestehen.
In der zweiten Zeile beschreibst du dein Thema weiter in sieben Silben.
In der dritten Zeile findest du einen Abschluss wiederum in fünf Silben.
Du kannst noch eine Überschrift darüber setzen.

Bei einem **Akrostichon** kannst du dein Thema senkrecht aufschreiben und mit Wörtern füllen.

Ein Elfchen:

Rot
Die Tulpe
Zart und frisch
Der Frühling ist da
Aufbruch

Ein Senryû:

Lisbeth

Jeden Tag aufs Neu
Breitest du die Arme aus
Fängst mich darin auf

Ein Akrostichon:

Mama
Unendliche Liebe
Tränen heimlich vergossen
Tagtäglicher Trott
Einsatz ohne Anerkennung
Ruhelose Nächte nur für die Familie

Autobiografisches Schreiben

Autobiografisches Schreiben bedeutet, über sich selbst zu schreiben. Es gibt viele Möglichkeiten, wie man damit beginnen kann.

🖋 Übung 46: Zurück in die Kindheit

Versetze dich zurück in die Zeit deiner Kindheit.

▷ Woran denkst du?

▷ Was weißt du noch aus dieser Zeit? Mach dir zunächst ungeordnete Notizen und erstelle eine Sammlung.

▷ Gibt es noch Menschen, die dich als Kind kannten? Lass dir von ihnen erzählen, woran sie sich erinnern. Frag sie, wie sie dich erlebt haben, wie du gewesen bist, wie du ausgesehen und was du damals gesagt und getan hast.

Schreibe alles auf, auch wenn sich manche Informationen und Erinnerungen widersprechen oder wiederholen. Sicherlich staunst du, was alles zutage tritt.

Hast du Fotos oder Dokumente aus dieser Zeit? Betrachte und lies alles aufmerksam. Was siehst du? Schreib deine Gedanken und Erinnerungen stichwortartig auf.

Wenn du genug Material hast, schreibe eine oder mehrere kleine Geschichten. Wähle eine Perspektive. Du kannst lustvoll aus der Sicht des damaligen Kindes schreiben oder du wählst eine Außenperspektive, zum Beispiel die einer damals erwachsenen Zeitzeugin. Die Rückschau aus deiner heutigen Perspektive ist natürlich auch eine mögliche Sicht.

Übung 47: Sich von Fragen leiten lassen

Lies die nachfolgenden Fragen und wähle einige aus, auf die du gerne antworten möchtest. Schreibe alles auf, was dir dazu wichtig ist:

▷ Welches Ereignis in meinem Leben ist unvergesslich?
▷ Was ist mir bisher besonders gelungen?

▷ Wofür bin ich dankbar?
▷ Wie schaffe ich es, die an mich gestellten Erwartungen zu erfüllen?
▷ Was macht mich glücklich?

▷ Wo halte ich mich gerne auf?
▷ Womit verbringe ich am liebsten meine Zeit?
▷ Was mag ich gerne?

▷ Was hat bei meiner Arbeit besonders gut geklappt?
▷ Welche Erfolge habe ich in meinem Leben bisher erzielt?

▷ Wer gehört zu meiner Familie?
▷ Welche wunderbaren Menschen sind irgendwann in mein Leben getreten?
▷ Welche Menschen haben mir besonders gutgetan?
▷ Welche Menschen gehen achtsam mit mir um und bestärken mich?
▷ Wem habe ich eine Freude gemacht?

▷ Welchen Wunsch habe ich mir selbst erfüllt?

▷ Was habe ich über mich selbst gelernt?

▷ Wie habe ich mich in der letzten Zeit weiterentwickelt?

Lass die positiven Ereignisse wirken. Klopfe dir selbst für deine Erfolge auf die Schulter. Nimm bewusst wahr, was für ein wunderbarer Mensch du bist, was dir schon alles gelungen ist, was du magst, wofür du dich interessierst, welche Menschen dir viel bedeuten – und bringe es aufs Papier.

☕ Übung 48: Bedeutende Stationen

Schreibe über bedeutende Stationen deines Lebensweges. Das ist sehr spannend. Im Laufe unseres Lebens werden auf einmal Dinge wichtig, die uns früher vielleicht nicht so viel bedeutet haben. Durch Krankheiten, Verluste oder besondere Begegnungen ändern sich plötzlich Prioritäten. Interessant wird dein Text, wenn du darüber schreibst, wie du deine Lebenserfahrungen zur Lösung eines Problems genutzt hast.

Entscheide bei autobiografischen Texten besonders sorgfältig, ob und wem du sie zeigen möchtest. Es gibt bestimmt viele Gedanken und Erinnerungen, die du für dich behalten willst. Das entscheidest du selbst.

Nachfolgende Fragen helfen dir, einen Anfang zu finden:

▷ Wer bin ich?

▷ Warum bin ich auf der Welt?

▷ Wo hat mein Lebensweg begonnen?

▷ Wie sind die ersten Jahre meines Lebens verlaufen?

▷ Was habe ich in jungen Jahren geplant?

▷ Wie ist meine schulische und berufliche Ausbildung verlaufen?

- ▷ Wo ist mein Platz in der Gemeinschaft?
- ▷ Was treibt mich an?
- ▷ Welche Chancen habe ich gehabt?
- ▷ Was habe ich verwirklicht?
- ▷ Welchen Personen bin ich sehr dankbar?

- ▷ Welche Stationen hat es auf meinem Lebensweg gegeben?
- ▷ Welche Veränderungen hat es gegeben?
- ▷ Was habe ich bereut?
- ▷ Welches Geheimnis trage ich mit mir herum?

- ▷ Wie sieht mein Lebenskonzept aus?
- ▷ Wie stelle ich mir meinen weiteren Lebensweg vor?
- ▷ Welche Wünsche habe ich?
- ▷ Welche Träume habe ich?
- ▷ Was möchte ich noch gerne erreichen?
- ▷ Welche Ziele setze ich mir?
- ▷ Wofür werde ich mich noch sehr anstrengen?

Wenn du alle Fragen beantworten würdest, hättest du viel zu tun. Es reicht für den Anfang, wenn du einige wenige heraussuchst und bearbeitest. Ein Beispiel:

Mit fünfundzwanzig Jahren kam meine Mutter als Heimatvertriebene von Ostpreußen nach Gelsenkirchen. Sie war eine schöne Frau mit dunkelblonden halblangen Haaren. Schon kurze Zeit später lernte sie Hans kennen, der im Nachbarhaus wohnte, und heiratete ihn. Ein Jahr später wurde ich geboren. Meine Mutter erzählte mir, dass ich morgens um sechs Uhr zur Welt kam. Angeblich hatte ich vom ersten Tag an einen guten Appetit und einen starken Willen. Meiner Mutter nahm ich bald den Löffel, mit dem sie mich fütterte, aus der Hand und wollte allein essen. In meinem Leben hatte ich viel Glück und wunderbare Wegbegleiter …

Widme dich deinem individuellen Schicksal. Autobiografien erzählen vom Reichtum des gelebten Lebens und nehmen Bezug zum politischen und gesellschaftlichen Leben. Wenn du Freude daran findest und du bereits einige Texte geschrieben hast, versuche, deinen Aufzeichnungen eine Struktur zu geben. Autobiografisches Schreiben wirkt sinnstiftend und therapeutisch.

Übung 49: Was schwierig gewesen ist

Es gibt in jedem Leben Ereignisse, die schmerzhaft, beschämend, angsteinflößend, deprimierend oder ernüchternd gewesen sind. Wenn du ein schweres Schicksal zu beklagen hast, traue dich, dich damit schreibend auseinanderzusetzen. Schreibe, was dir auf der Seele brennt. Hab den Mut, das anzuschauen, was nicht gelungen ist, nicht perfekt gewesen ist oder was dir von anderen angetan worden ist.

Achte bei dieser Übung besonders gut auf dich. Mute dir nicht zu viel zu, mache immer wieder Pausen und tue dir zwischendurch etwas Gutes. Diese Arbeit kann sehr anstrengend sein und dich fordern. Wenn es zu viel wird, lass alles ruhen oder suche dir therapeutische Unterstützung.

Nachfolgende Fragen können dir beim Schreiben weiterhelfen:
▷ Welche Menschen haben mir in meinem Leben nicht gutgetan?
▷ Welche Begegnungen haben mir geschadet?
▷ Welche Entscheidungen habe ich widerrufen müssen?
▷ Wofür schäme ich mich heute?

▷ Welches Geheimnis trage ich mit mir herum?
▷ Worüber habe ich noch mit niemandem gesprochen?
▷ Welche Krisen habe ich durchstehen müssen?

▷ Welche Weichen in meinem Leben habe ich neu stellen müssen?

▷ Wie habe ich mich von seelischen Altlasten befreit?

▷ Welche schmerzhaften Abschiede hat es in meinem Leben gegeben?

▷ Wann habe ich mein Leben wieder neu in die Hand genommen?

▷ Wie habe ich zurück in ein zufriedenes Leben gefunden?

▷ Wie habe ich mich von meinen hohen Ansprüchen verabschiedet?

▷ Was ist mir bisher noch nicht gelungen?

▷ Was nehme ich mir vor?

▷ Womit möchte ich in Zukunft abschließen?

▷ Wie kann ich ein ganzes Leben in Worte fassen?

▷ Wie schaffe ich es, schreibend mein Leben darzustellen?

Ein Beispiel:

Ich kam am Rosenmontag zur Welt. Doch mein Leben verlief nicht so leicht und fröhlich wie im Karneval. Als ich mit meinem ersten Freund nach Hause kam, war meine Mutter entsetzt. Sie warnte mich vor ihm und redete ihn mir immer wieder aus. Doch genau das trieb mich immer näher zu ihm hin. Zu der Zeit wusste ich noch nicht, dass meine Mutter recht hatte …

Übung 50: Neue Zusammenhänge und Deutungen schaffen

Belastende Vorgänge in Worte zu fassen, ist eine sinnstiftende Tätigkeit. Wenn dich etwas in deinem Leben so stark erschüttert hat, dass du daran fast zerbrochen bist, entlastet das Erzählen auf dem Papier und du hast die Möglichkeit, neu auf das Erlebte zu blicken. Vielleicht kannst du einiges aus heutiger Sicht neu interpretieren und werten, sodass die einzelnen Teile nach und nach zu einer Geschichte werden, mit der du leben kannst. Probiere auch hier unterschiedliche Erzählperspektiven aus. Ein Beispiel als Ich-Erzählung:

Auf dem Weg nach Hause spürte ich, dass meine Entscheidung gefallen war. Meine Gedanken kreisten nur noch um den Abschied. Niemand sollte davon wissen, und niemand sollte versuchen, mich umzustimmen oder zurückzuhalten. Ich würde allein unterwegs sein. Das war wichtig.

Zuhause war es still. Ich war erleichtert. In der Küche stand ein Teller mit Mittagessen für mich. Meine Mutter hatte einen Zettel auf die Arbeitsplatte gelegt: „Guten Appetit!" stand darauf. Ich machte mir das Essen warm und schaufelte es in mich hinein. Dann ging ich in mein Zimmer, nahm meine Sporttasche und packte meinen Reisepass, den Personalausweis, etwas Kleidung und den Fotoapparat ein. Schließlich holte ich den abschließbaren Metallbehälter aus dem Schrank, öffnete ihn und nahm mein Sparbuch heraus. Als ich fertig war, war es im Haus immer noch ruhig. Ich ging hinaus, ließ die Tür ins Schloss fallen und drehte mich nicht mehr um.

Noch rechtzeitig vor Schalterschluss erreichte ich die Sparkasse. Ich hob das ganze Geld von meinem Konto ab. Mit der S-Bahn fuhr ich zum Bahnhof Zoo nach Berlin und stieg in einen Zug. Je mehr ich mich von zu Hause entfernte, desto freier und wohler fühlte ich mich. Ich war nun allein und niemand kontrollierte mich. Ab heute würde ich selbst über jeden Schritt, den ich mache, bestimmen. Ich genoss meine neue Freiheit. Die Vergangenheit war vorbei, sie existierte nur noch in der Erinnerung, und jetzt begann etwas Neues. Auf der Zugfahrt sah ich aus dem Fenster und dachte nach. Ich hatte Zeit zum Träumen und Grübeln. Was wird mein neues Leben bringen? Wohin wird es mich verschlagen?, fragte ich mich. Doch Antworten hatte

ich noch keine. Jetzt wollte ich mich erst einmal eine Weile in Rich-
tung Süden treiben lassen. In meiner Fantasie entstanden Bilder, wie
es wäre, wenn ich in zehn Jahren zurückkehren würde und meinen
Freunden von der Zeit berichten würde? Es wird nicht leicht werden,
das war mir klar, aber ich freute mich auf das Neue. Meine alte Welt
ließ ich ohne Reue hinter mir...

Du kannst die Sätze in der Vergangenheit oder in der Gegenwart
formulieren. Du kannst deine Erlebnisse in der dritten Person
schreiben. Du kannst dir auch einen anderen Namen geben. So
schaffst du eine Distanz zum Geschehen, wie in dem folgenden
Beispiel:

Die Sonne ist schon aufgegangen, aber der Nebel liegt noch auf den
Feldern. Auf geht es, das neue Leben kann beginnen, denkt Ruth. Sie
sitzt in einem tristen Zugabteil mit Holzbänken. Das laute Rattern
der Räder klingt wie Musik in ihren Ohren. Ratata, ratata. Ein un-
endliches Gefühl der Freiheit erfüllt sie. Ratata, ratata, weg, weit weg.
Sie will alles hinter sich lassen. Nur dieser eine Gedanke beschäftigt
sie. Weit weg.

Wie wird ihr großes Abenteuer wohl ausgehen? Wird sie es schaffen?
Wird sie ihr Ziel, die große Freiheit, erreichen? Wie ein leeres Blatt
liegt ihre Zukunft vor ihr. Ich muss es wagen, ich muss mein Leben
verändern, und ich werde mein Ziel erreichen, denkt sie. Da ist sie
sich sicher. Aber wie das Ziel genau aussehen wird, dass kann die
junge Ruth zu diesem Zeitpunkt noch nicht wissen.

Während graue Häuser, öde Hinterhöfe, halb verfallende Bahnhöfe,
endlose Schienen, Weichen und abgestellte Eisenbahnwaggons an
ihr vorbeiziehen, beschäftigt sie immer nur der eine Gedanke: Raus,
raus und weg aus dem öden und tristen Einerlei, von den Vorschrif-
ten, den Regeln und Zwängen. Sie beobachtet ihre Mitreisenden und
könnte ein Gespräch anfangen. Aber Ruth ist viel zu sehr mit sich
selbst beschäftigt. Sie schließt die Augen. Und wieder wandern ihre

Gedanken in die Zukunft. Wird die Vertrauensperson, mit der ich mich verabredet habe, pünktlich am verabredeten Platz sein? Wird sie mich über die Grenze bringen?...

Übung 51: Das Papier als Gesprächspartner

Es schadet der Gesundheit, wenn wir schmerzvolle Gefühle verdrängen. Traumatische Erlebnisse können wir leichter verarbeiten, wenn wir unsere Gefühle zum Ausdruck bringen. Im Formulieren bahnt sich das Innere einen Weg nach außen, und die ungeordneten Gedanken bekommen eine Struktur. Die diffusen Erinnerungen begegnen uns als etwas Fassbares und Greifbares.

Es ist gut, wenn man mit vertrauten Personen über innere Verletzungen sprechen kann. Aber nicht alle haben diese Möglichkeit. Deshalb kann auch das Papier ein Gesprächspartner sein. Wenn du die spontan geschriebenen Texte später wieder zu Hand nimmst, analysierst und überarbeitest, gehst du jedes Mal einen weiteren Schritt Richtung Selbsterkenntnis.

Opfer anderer Menschen oder schicksalhafter Ereignisse zu werden, ist oft mit großer Angst, Scham und Wut verbunden. Vielleicht ist es an der Zeit, diese starken und berechtigten Gefühle sprachlich auszudrücken.

Vielleicht möchtest du zunächst nur über ein einschneidendes Ereignis oder eine tiefgreifende Erfahrung schreiben, ohne gleich eine ganze Autobiografie in Angriff zu nehmen. Dafür reicht als Anregung manchmal das richtige Stichwort oder eine zündende Frage.

Frage dich zum Beispiel:
▷ Bin ich schon einmal auf gemeine Weise beleidigt worden?
▷ Wurde ich einmal bestohlen?

- ▷ Hat es Situationen gegeben, in denen ich vor Wut beinahe geplatzt bin?
- ▷ Kenne ich das Gefühl, unfair behandelt worden zu sein?
- ▷ Ist Diskriminierung ein Thema für mich?
- ▷ Hat es Momente gegeben, in denen ich am liebsten alles hingeworfen hätte?
- ▷ Habe ich schon einmal die Tür geknallt und bin dann weggelaufen?
- ▷ Habe ich schon einmal Todesangst gehabt? Wie bin ich davongekommen?

Schreibe auf, wann und wo das war und was genau passiert ist, wie du in diese Situation geraten bist und was du damals gedacht und gefühlt hast. Dieses Beispiel zeigt, wie das Papier ein Gesprächspartner sein kann:

Immer wieder denke ich an diesen Tag zurück. Ich frage mich heute, wie ich überhaupt in die Situation hineingeraten bin. Immer noch habe ich mehr Fragen als Antworten. Es hat alles sehr harmlos begonnen. Ich bin sehr naiv gewesen und habe mir keine Gedanken um Folgen gemacht. Außerdem ist mir Misstrauen noch fremd gewesen. Doch das Ereignis sollte mein Leben ändern. Ich …

Übung 52: Schreiben bei Trennungen, Todesfällen und Trauer

Traurige Erfahrungen wie Todesfälle oder Trennungen sind sehr schmerzhaft und müssen verarbeitet werden. Das braucht viel mehr Zeit, als unangenehme oder verletzende Erfahrungen zu bewältigen, wie sie in der letzten Übung angesprochen worden ist. Setz dich mit dem, was geschehen ist, auseinander. Akzeptiere es. Du kannst nichts mehr daran ändern. Schreibe alles auf, was dich bewegt. Schließe Frieden mit deiner Vergangenheit. Frage nicht mehr, warum dir das alles passiert ist, sondern überlege, was dich diese Erfahrungen lehren und wie du das für zukünftige Entscheidungen nutzen kannst. Was du nicht ändern kannst, versuche zu akzeptieren. Du hast Erfahrungen gesammelt, die deine Persönlichkeit gestärkt haben.

Schreibe auf,
▷ von wem du Abschied genommen hast,
▷ welche Erlebnisse besonders schwer gewesen sind,
▷ wie du dich gefühlt und was du gedacht hast,
▷ was dich enttäuscht hat,
▷ wer oder was dich gestresst hat
▷ wovor du Angst gehabt hast,
▷ was nicht gut gelaufen ist,
▷ wer dich verletzt hat,
▷ was dir die Energie geraubt hat,
▷ wer oder was dich unglücklich gemacht hat,
▷ welche Probleme du noch nicht gelöst hast,
▷ welche Chance du verpasst hast,
▷ womit du Zeit verschwendet hast.

Es hilft, wenn du dir alles noch einmal vor Augen führst und überlegst, was du daraus lernen kannst. Gehe mit dir selbst dabei aber immer gut um. Werfe dir nicht vor, was gar nicht in deiner Macht steht. Sei freundlich mit dir und streichle deine Seele, auch wenn du Fehler gemacht hast. Schreiben hilft, das Leben zu ordnen, und es hat einen therapeutischen Wert.

Beispiel:

Papa
Fassungslos stehe ich an deinem Grab.
Du bist immer für mich da gewesen.
Deine Liebe hat mich stark gemacht.
Nun fehlst du mir sehr.

Wie gerne möchte ich dich noch einmal umarmen.
Ich gehe nach Hause und schaue mir die alten Fotos an.
Dort bin ich allein und kann endlich weinen.

Wenn du von jemandem Abschied genommen hast, kannst du Vergleiche anstellen, was Sterben für dich bedeutet. Hier einige Beispiele:

Sterben ist ...

... als würde eine Tür zugehen. Aber dann öffnet sich eine neue und eine schöne Landschaft breitet sich aus.

... als würde ein Buch zuklappen. Doch dann wird ein neues aufgeschlagen und unbekannte Geschichten treten zutage.

... als würden Schritte verstummen. Doch bei dem nächsten Spaziergang hörst du sie in deiner Fantasie.

... als wenn ein Stern verglüht. Aber bald geht ein neuer am Himmel auf.

... als wenn das Lebenslicht ausgehaucht wird. Doch der Mensch ist nicht weg. Er bleibt in der Erinnerung immer lebendig und bei uns.

Wenn wir negative Erlebnisse aufs Papier bannen, bekommen wir einen Abstand und distanzieren uns innerlich davon. Diese diffuse Mischung aus Erinnerungen und traurigen Gefühlen sortieren wir neu, fassen sie zusammen und sind nach dem Schreiben bereit, ein neues Kapitel zu schreiben. Belastende Erlebnisse aufs Papier zu bringen, verbessert die psychische und physische Gesundheit, stärkt das Wohlbefinden und das Immunsystem.

Solltest du in traurigen Stunden deinen Kummer einem Tagebuch anvertrauen, ist das oft schon der erste Schritt zur Heilung. Wenn du nach einiger Zeit deine Texte wieder liest, kannst du vielleicht endlich weinen, wenn dir das zuvor noch nicht gelungen ist.

Die Erkenntnisse aus diesen Texten können für dich eine gute Grundlage sein, um Zukunftspläne zu schmieden. Beginne, wo du dich sicher und wohl fühlst. Mache dir bewusst, womit du vorwärts gekommen bist, was dir gut getan hat und was dir gelungen ist. Lege schlechtes Denken ab, denn es kostet dich nur unnötige Energie.

Widme dich den Bereichen deines Lebens, die dir sehr am Herzen liegen. Halte Gedanken und Gefühle und Entscheidungen schriftlich fest.

Beschäftige dich mit deiner Zukunft und richte deine Gedanken auf das, was wachsen soll:

▷ Was treibt dich zum Weitermachen an?
▷ Welche Lösungen hast du schon gefunden?
▷ Welche Entscheidungen möchtest du zukünftig treffen?
▷ Was gibt dir dafür Kraft und Mut?

Richte dein Augenmerk auf das, was dir gelungen ist, und gehe deinen Weg mit einem Gefühl der Freude und Dankbarkeit weiter.

Vielen Menschen, die nach einem schweren Schicksalsschlag zurück ins Leben gefunden haben, hat das Schreiben geholfen. Es gibt viele Frauen, die ihre Geschichte aufgeschrieben haben, Geschichten einer überstandenen Krebserkrankung, einer Trennung von einem gewalttätigen Mann oder von der Trauer um ein verstorbenes Kind. Es gibt viele ermutigende Berichte dieser Art, die wir uns zum Vorbild nehmen können. Das Schreiben kann helfen, schwierige Ereignisse zu verarbeiten, sich selbst besser zu verstehen und wieder aktiv ins Leben und in die Gesellschaft zurückzufinden.

Tipp 1: Schreiben in der Ich-Form

Wenn du als Ich-Erzähler schreibst, bist du die Hauptfigur und ganz nah am Geschehen. Das verlangt von dir, offen und ehrlich zu sein und die Erlebnisse, Gedanken und Gefühle unverfälscht darzustellen. Vielleicht führt dich das sogar zu einer schonungslosen Lebensbeichte. Das kann eine große Last nehmen.

Die Ich-Perspektive wirkt auf den Leser echt und wahrhaftig, weil du von dir selbst erzählst. Solltest du emotional noch sehr stark betroffen sein, ist die Umsetzung nicht ganz leicht. Manchmal merkst du erst beim Schreiben, wie viele Gefühle mit dem Thema noch verbunden sind. Achte gut auf dich und mute dir nur zu, was du auch tragen kannst.

Tipp 2: Was der Erzähler kann

Du kannst in die Rolle eines Erzählers schlüpfen, der über der Handlung schwebt und alles kennt. Dieses Erzählmodell wird meist gewählt.

Dadurch kannst du deine eigene Geschichte geschickt verpacken, auch wenn du eigentlich über deine Erfahrungen schreibst. Distanziere dich von deinen persönlichen Erlebnissen und lass andere das erleben, was dir widerfahren ist. Vielleicht gibst du deiner Hauptfigur sogar einen anderen Namen. Du kannst die Geschichte so schreiben, wie du sie aushalten kannst. Du kannst die Figuren stellvertretend für dich Grenzen überschreiten und Erfahrungen machen lassen, ohne dass du dein eigenes Schicksal preisgeben musst.

Das Schreiben aus der Perspektive eines Erzählers verschafft dir Distanz zum Geschehen und schützt dich vor einer zu großen Nähe. Du schwebst über dem Geschehen und weißt alles über deine Handlungsfiguren. Du kennst ihre Gedanken und Gefühle und lenkst sie geschickt durch die Geschichte wie Figuren über ein Schachbrett.

Lass deiner Fantasie freien Lauf und frage dich, was gewesen wäre, wenn die Entscheidungen anders gefällt worden wären und die Ereignisse einen andern Verlauf genommen hätten.

Expressives Schreiben

Expressives Schreiben dient der Psychohygiene und kann Kopf und Herz von Ballast befreien. Es kann eine therapeutische Wirkung haben, zum Beispiel bei ständigem Grübeln, bei Schlafproblemen, bei schwierigen Entscheidungen oder bei größeren Veränderungen.

Schreibe über das, was dir Kummer bereitet und warum deine Welt aus den Fugen geraten ist.

Übung 54: Probiere das Expressive Schreiben aus

Expressives Schreiben funktioniert an jedem Ort und zu jeder Zeit. Du brauchst nur Stift und Papier und schreibst solange, wie du schreiben möchtest. Beschäftige dich nur mit deinem Problem. Gehe ihm nicht aus dem Weg:

▷ Schreibe auf, was genau passiert ist und wie du dich dabei gefühlt hast.

▷ Benenne das Problem und versuche, sachlich zu bleiben.

▷ Bringe das Geschehen in eine zeitliche und logische Reihenfolge.

▷ Vergleiche dein Denken, Fühlen und Tun mit anderen Situationen.

▷ Lies deinen Text und betrachte das Problem so objektiv wie möglich.

Nimm dir ein paar Tage hintereinander Zeit, um weiter an diesem Thema zu schreiben, bis du den Eindruck hast, alles Belastende aufs Papier gebracht zu haben. Versuche dann das Erlebte als schlüssige Geschichte zu erzählen. Vielleicht kannst du es in dieser Version sogar mit jemandem teilen. Aber das muss nicht so sein. Wenn du den Text lieber nicht zeigst, dann hefte ihn ab. Es ist dein Text.

Wichtig ist, dass du dich mit dem Problem sachlich auseinander setzt. Diese Art zu schreiben hat positive Effekte. Du kannst Stress abbauen, findest wieder zu ruhigerem Schlaf und zu mehr Wohlbefinden. Durch das Schreiben wird dein Kopf freier, das Denken weitet sich und du kannst dich wieder auf andere Dinge konzentrieren.

Kommunikatives Schreiben

Beim Kommunikativen Schreiben stehen zwei oder mehr Menschen schriftlich miteinander in Kontakt. Das Schreiben ist auf einen Adressaten oder eine Zielgruppe ausgerichtet.

Die klassische Form des Kommunikativen Schreibens ist der Briefwechsel. Selbst wenn wir heute vor allem auf elektronischem Weg über E-Mail und Kurznachrichten miteinander kommunizieren, lohnt es sich, mal wieder einen ausführlichen handgeschriebenen Brief zu verfassen. Der Empfänger wird sich bestimmt freuen, und du kannst zur Entschleunigung der Kommunikation beitragen. Nimm dir Zeit, suche ein schönes Papier, schreibe gut lesbar und überlege, was für deinen Adressaten interessant und anregend sein könnte. Du kannst einen persönlichen Brief auch am Computer tippen, in einen Briefumschlag stecken und zur Post bringen.

Übung 55: Schreibe einen Brief

Nimm dir Zeit für persönliche Briefe an Personen, die du magst. Erzähle von dir und deinen Erlebnissen, Gedanken und Gefühlen. Achte darauf, dass du dich nicht zu sehr in den Mittelpunkt stellst und halte dich mit Erfolgsmeldungen zurück, die den Briefpartner vielleicht neidisch machen könnten. Zeige dein Interesse am Leben des anderen, bringe dein Mitgefühl zum Ausdruck oder stelle offene Fragen. Schreibe auch, dass du dich über eine Antwort freuen würdest und lade so zur Kommunikation ein. Drei Beispiele zeigen dir, wie du es machen kannst:

Lieber Christian,

zu Deinem Geburtstag wünsche ich Dir alles Gute, beste Gesundheit, viel Energie, interessante Begegnungen und unvergessliche Eindrücke auf all Deinen Wegen ...

Liebe Elisabeth,

danke für Deine Advents- und Weihnachtsgrüße und den Brief. Das hört sich ja gar nicht gut an, was Du zum Gesundheitszustand von Willi geschrieben hast, und dass Du deshalb Deine eigenen Interessen und Befindlichkeiten zurückstellen musst. Ich kann mir gut vorstellen, dass Dich diese Herausforderung bis an die Grenze Deiner Belastbarkeit führt. Aber Du schreibst auch, dass es das größte Geschenk ist, noch zu zweit zu sein. Ja, das ist sehr wichtig, und dafür kannst Du dankbar sein. Ich verstehe sehr gut, dass Du im Augenblick nicht mehr dazu kommst, den Briefkontakt regelmäßig aufrechtzuerhalten, den wir viele Jahre gepflegt haben. Das ist in Ordnung. Mach Dir deshalb keine Gedanken. Wenn ich mal unterwegs bin, dann schicke ich Dir eine Ansichtskarte, und wenn ich das Bedürfnis habe, dann schreibe ich Dir einfach einen Brief und teile Dir mit, was mich bewegt. Ich will damit nur ein Signal senden, dass ich an Dich denke. Mehr nicht. Fühle Dich auf keinen Fall verpflichtet, gleich darauf zu reagieren. Freue Dich einfach nur darüber, dass es jemanden gibt, der an Dich denkt und der Deine Sorgen versteht. Ich wünsche Dir noch eine gute Zeit mit Willi. ...

Liebe Ingrid,

als Du mir am Telefon vom Tod Deines Mannes Herbert berichtet hast, war ich sehr erschüttert. Wir haben so oft viele schöne Stunden miteinander verbracht und Freude gehabt. Wenn ich daran zurückdenke, muss ich heute noch schmunzeln. Doch nun ist die Zeit der Trauer gekommen. Herbert wird immer mitten unter uns sein und uns auf unseren Wegen begleiten. In Gedanken bin ich bei Dir und wünsche Dir viel Kraft für die Zeit ohne ihn ...

Übung 56: Schreibe einen Leserbrief an eine Zeitung

Schreibe einen Beitrag für die Tageszeitung oder eine andere regionale Publikation oder verfasse einen Leserbrief zu einem Beitrag. Denke beim Schreiben an die Leser. Was könnte sie interessieren? Dieser Leserbrief ist ein Beispiel:

In Ihrer gestrigen Ausgabe haben Sie unter dem Titel „Neugestaltung der Fußgängerzone" berichtet, dass die Arbeiten bald abgeschlossen sind und die Innenstadt nun noch attraktiver für Kunden werden wird. Doch wo bleibt der Raum für Pflanzen und Tiere? Die Fußgängerzone wirkt auf ihrer Zeichnung kahl und ist nur wenig begrünt. Ich möchte nicht nur Menschen in der Innenstadt sehen, die konsumieren, sondern auch Vögel und Insekten, die dort genauso ihren Lebensraum haben ...

Kooperatives Schreiben

Kooperatives Schreiben bedeutet, dass mehrere Menschen gemeinsam an einer Sache schreiben. Das kann spielerisch spontan oder geplant und zielorientiert geschehen. Es geht darum, dass alle am Entstehungsprozess eines Textes beteiligt werden.

Tipp 1: Spontane Schreibspiele in der Gruppe

In Schreibgruppen regen Schreibspiele mit einem Partner oder für die ganze Gruppe dazu an, zusammen an einem Produkt zu arbeiten. Alle Teilnehmer und Teilnehmerinnen sind dabei gleichberechtigt und können ihre ganz persönliche Art zu schreiben in das gemeinsame Produkt einfließen lassen. Jeder bringt andere Voraussetzungen mit ein. Diese Unterschiedlichkeit ist gewollt und soll dazu beitragen, sich gegenseitig zum Weiterschreiben anzuregen.

Ein solches Schreibspiel ist zum Beispiel das stumme Schreibgespräch. Dabei wird vorher eine Frage notiert und während der Textproduktion nicht miteinander gesprochen. Das „Gespräch" findet nur schriftlich statt. Die Beiträge können pro oder contra kommentiert werden und interessante Einblicke in ein Thema ermöglichen. Wenn jemand der gleichen Meinung ist, wie ein anderer, so kann er einen Pfeil machen und dazu schreiben, dass er genauso denkt.

Auch bei Wandergeschichten oder Wandergedichten wird nicht gesprochen. Die Schreibenden sitzen im Kreis oder um einen großen Tisch. Jeder hat ein leeres Blatt, auf das er einen Anfangssatz schreibt. Dann reichen alle ihr Blatt an den rechten Nachbarn weiter. Der ist aufgefordert, nach dem Anfangssatz seines Vorgängers weiterzuschreiben. Die Blätter wandern mit den weiter wachsenden Texten solange im Kreis, bis sie wieder am Ursprungsort angekommen sind. Der Verfasser des ersten Satzes darf nun kleinere Korrekturen im Sinne der Verständlichkeit vornehmen, den Text beenden und dem Ganzen eine Überschrift geben.

Oft entstehen bei solchen spontanen kooperativen Schreibspielen chaotische, lustige und skurrile Texte, die nicht unbedingt den Regeln für Handlungs- und Spannungsaufbau folgen. Aber darauf kommt es dabei auch nicht an. Es geht vielmehr um die Freude am Schreiben und die Verbundenheit Gleichgesinnter.

Anschließend lesen die Beteiligten ihre Texte vor.

Tipp 2: Schreiben als zielgerichtete Teamarbeit

Es gibt das Kooperative Schreiben auch bei Teams, die ein bestimmtes Ziel haben, zum Beispiel das Verfassen einer neuen Vereinssatzung, die Planung eines Projekttages, eines Dorffestes, eines Klassen- oder Nachbarschaftstreffens. Gemeinsame Texte im Rahmen solcher Projekte entstehen durch einen regen mündlichen und schriftlichen Austausch aller Beteiligten. Passende Worte und Formulierungen kann man in der Gruppe manchmal besser finden. Einzelne Abschnitte können auch unter den Beteiligten aufgeteilt und später zusammengeführt werden. Am Ende einer solchen Kooperation steht dann ein gemeinsam verfasster Text, an dem alle mitgearbeitet haben.

Es macht Freude und festigt die Gruppe, wenn gemeinsam formuliert wird. Zum Beispiel kann es darum gehen, ein Gedicht für eine Hochzeit oder einen Geburtstag zu schreiben. Im kreativen Gruppenprozess kommt es oft zu viel mehr guten Einfällen, als wenn man alleine vor einem leeren Blatt sitzt. Die Kreativität durch gegenseitiges Anregen ist ein großer Vorteil gegenüber dem Schreiben ganz für sich allein.

In Schreibgruppen kann man auch die Ideen der anderen Teilnehmer für die eigenen Texte nutzen. Starke Ausdrücke, auf die man selbst nicht gekommen wäre, Tipps zu Rhythmus und Reim oder Ideen für eine andere Überschrift helfen, den eigenen Text zu verdichten und besser zu machen.

Produktives Schreiben

Mit Produktivem Schreiben ist das planvolle Schreiben für einen bestimmten Empfänger gemeint. Es kann sein, dass du nicht mehr ganz so frei in deiner Darstellung sein kannst. Beim Produktiven Schreiben musst du mitunter Anleitungen beachten. Aber trotzdem bestimmst du selbst, wie dein Produkt letztlich aussehen kann. Überlege dir, wann deine produktiven Zeiten sind und was du für dein Schreibprojekt brauchst. Denke darüber nach, welche Informationen du benötigst und welche Hilfsmittel oder Personen dir für eine Recherche zur Verfügung stehen.

Übung 57: Schaff dir eine guten Zeitrahmen

Mache dir einen Wochenplan und setze dir ein Ziel. Welches Schreibpensum möchtest du in dieser Woche erreichen? Plane auch Zeiten für Ruhe und Erholung ein. Auch wenn Kreativität und Planung nicht immer im Gleichklang sind, ist es sinnvoll, sich zunächst so genau wie möglich an den eignen Plan zu halten. In den Zeiten, die du für das Schreiben vorgesehen hast, solltest du alle Störfaktoren ausschalten. Sorge dafür, dass du in dieser Zeit nicht persönlich erreichbar bist. Schalte das Smartphone aus oder lege es außer Sichtweite. Informiere die Menschen um dich herum, dass du nicht gestört werden möchtest.

Mit einem guten Wochenplan kannst du dein Gehirn entlasten und dir Raum und Zeit für kreative und produktive Tätigkeiten schaffen.

Übung 58: Kleinere Schreibprojekte mitten im Leben

Wer könnte deine Zielgruppe sein? Vielleicht ein Verein, in dem du Mitglied bist, eine Festgesellschaft oder die örtliche Presse.

Vielleicht findest du bei den folgenden Vorschlägen etwas, was dich motivieren könnte. Schreibe zum Beispiel:

▷ ein kleines Theaterstück für eine Gruppe,
▷ eine Büttenrede für die nächste Karnevalssitzung,
▷ einen Bericht für die Tageszeitung über die Arbeit deines Vereins,
▷ ein Protokoll bei einer Vereinssitzung,
▷ einen Text zum Vereinsjubiläum,
▷ eine Einladung zum Klassentreffen,
▷ ein Gedicht für einen runden Geburtstag,
▷ ein Märchen für deine Kinder oder Enkel,
▷ zu einem bekannten Kinderlied einen neuen Text oder eine weitere Strophe,
▷ einen Bericht über ein Thema deines Wohnortes, z.B. über die Hintergründe von Straßennamen oder die Geschichte eines Gebäudes,
▷ zu einem Sachverhalt einen Bericht, ein Gedicht oder ein Märchen für eine Zeitung.

Es gibt in jeder Stadt Themen, über die es sich lohnt zu schreiben. Frage bei der Stadtverwaltung nach, an welchen Stellen du Informationen bekommen kannst. Oft gibt es ein Stadtarchiv oder einen Heimatverein, der sich bestimmt über dein Interesse freut.

Wenn du Mitglied in einem Verein bist, kennst du vielleicht das ungute Gefühl, wenn jemand gesucht wird, der das Protokoll führt. Graut es dir davor? Dann lies nachfolgenden Text:

Wenn ich wusste, dass ich ein Protokoll von einer Konferenz oder von einer Mitgliederversammlung schreiben sollte, hat mich eine Aufregung erfasst. Meine Unsicherheit hat sich darauf bezogen, dass ich möglicherweise den Sachverhalt nicht korrekt wiedergeben oder einen wichtigen Aspekt vergessen könnte. Doch nach und nach habe ich festgestellt, wie hilfreich es ist, wenn ich mich mit dem Inhalt einer Sitzung zu Hause noch einmal in Ruhe beschäftigen kann. Das Schreiben des Protokolls hat wesentlich dazu beigetragen, dass ich den Sachverhalt noch besser durchdrungen und letztlich den großen Zusammenhang verstanden habe. Heute schreibe ich immer freiwillig ein Protokoll, damit ich alle Tagesordnungspunkte nachvollziehen kann. Mir kommt natürlich zugute, dass ich es mit zehn Fingern schnell am Computer tippen kann.

 **Übung 59: Schreibend den grundlegenden Fragen nachgehen**

Schreib auf, was dir wichtig ist, was du erlebt hast, welche Gedanken dir durch den Kopf gehen, welche Erfahrungen du gemacht hast, in welcher Stimmung du gerade bist, welche Haltung oder Meinung du zu einem Thema vertrittst oder wofür du dich interessierst. Du kannst dich schreibend mit den grundlegenden Fragen des Lebens auseinandersetzen und so dein Leben ordnen. Du kannst dich als erzählende, als tröstende, als denkende oder als mahnende Person wahrnehmen und erleben. Du wirst möglicherweise feststellen, dass du dich selbst und andere besser verstehen wirst.

Manche Autoren planen und durchdenken jeden Schritt, bevor sie mit dem Schreiben beginnen. Andere fangen einfach an, ohne genau zu wissen, was in ihrer Geschichte passieren wird. Gespannt beobachten sie während des Schreibens ihre eigenen Figuren, die sie auf verschiedene Weise agieren lassen. Auf einmal entwickelt sich Schritt für Schritt vor ihren Augen eine Geschichte.

Was passt zu dir? Planung und Nachdenken oder Fantasie und Neugier auf die eigenen Einfälle.

Wenn du dich mit anderen über deine Texte austauschst, kannst du herausfinden, welche Wirkung deine Texte auf andere haben. Beispiel für eine Auseinandersetzung mit Fragen des Lebens:

Wir können uns unsere Eltern nicht aussuchen, auch nicht die Zeiten, in die wir hineingeboren werden. Wir können Glück oder Pech haben. Meine Generation hat viel Glück gehabt und gute Gründe, dankbar zu sein. Irgendwann habe ich mich dafür interessiert, auf meinen Lebensweg zurückzublicken. Ich habe in Erinnerungen gekramt und mir viele Notizen gemacht.

Meine Mutter ist nach dem Zweiten Weltkrieg aus Ostpreußen vertrieben worden und nach Westfalen gekommen. Sie hat mit ihren Brüdern in einer Dachgeschosswohnung eine Bleibe gefunden. Mein Vater wollte eigentlich in seine Heimatstadt Berlin zurück. Doch dort stand fast kein Stein mehr auf dem anderen. Sein Freund hat ihn deshalb mit nach Gelsenkirchen ins Haus seiner Tante genommen, in dem auch Platz für ihn gewesen ist. Meine Mutter hat im Haus gleich nebeneinander gewohnt. So hat das Schicksal meine Eltern zusammengeführt. Schon bald haben sie geheiratet, und ich bin unterwegs gewesen. Geboren bin ich genau in der Mitte des 20. Jahrhunderts. Über die Gnade der späten Geburt bin ich froh.

Die 68er Jahre habe ich als Schülerin wahrgenommen. Als Studentin habe ich den Aufbruch und die Forderungen nach Veränderungen unter den jungen Leuten unmittelbar miterlebt. Der herrschende Lehrermangel hat die Berufswahl einfach gemacht. Das ist noch ein Grund für mich, dankbar zu sein.

Die positiven Erfahrungen, an denen ich auf meinem Lebensweg teilhaben durfte, sind überwältigend: Kein Krieg, sozialer Aufstieg, wachsender Wohlstand, Demokratie und ein Grundgesetz, das mit den Worten beginnt: „Die Würde des Menschen ist unantastbar" ...

Planvolles Schreiben
größerer Projekte

Bei größeren Projekten, wie beispielweise einem Roman, tauchen wir in einen komplexen Prozess mit vielen unterschiedlichen Phasen ein. Wir brauchen dafür neben Fantasie und Kreativität auch Durchhaltevermögen und einiges an Vorkenntnissen. Wenn der Text auch an andern Orten und zu anderen Zeiten funktionieren und verstanden werden soll, müssen wir die Wirkung sprachlicher Mittel kennen, zu denen auch die Regeln für Rechtschreibung und Zeichensetzung gehören und die Wahl einer geeigneten Textsorte und Textstruktur.

Übung 60: Plane Handlung, Figuren und Erzählperspektive

Wenn du Ideen gesammelt und ein Thema gefunden hast, solltest du überlegen, was du für einen Text schreiben möchtest. Soll er eher spannend oder sachlich, für Kinder oder Erwachsene, real oder erfunden sein?

Zu den Textsorten findest du im weiteren Teil des Buches einige wichtige Hinweise. Hierbei handelt es sich um angeleitete Formen des Schreibens.

Sortiere zunächst die Ideen, die du auf unterschiedliche Weise gefunden und aufgeschrieben hast, und gib allem eine erste Struktur. Skizziere den Handlungs- bzw. Aussageverlauf und schreibe in kurzen und kompakten Zusammenfassungen auf, was wann passieren oder gesagt werden soll. Das kannst du entweder als Gliederung oder als kommentiertes Inhaltsverzeichnis machen. Die Handlungsstruktur eines Romans oder Drehbuchs nennt man Plot. Aber auch für längere Sachtexte und Biografien ist ein Strukturplan wichtig.

Betrachte den Entwurf der Textstruktur als vorläufig und lass dir die Freiheit, an der Handlung und dem Ablauf auch während des Schreibens Veränderungen vorzunehmen. So kannst du weiterhin jederzeit weitere gute Ideen berücksichtigen.

Neben dem Plot sind die handelnden Figuren wichtig. Erstelle vorläufige Steckbriefe über die wichtigsten Personen, Tiere oder Wesen, die in deiner Geschichte vorkommen sollen. Die Entscheidung, aus welcher Perspektive die Geschichte erzählt wird, ist außerordentlich wichtig.

Übung 61: Ein Ereignis in verschiedenen Textsorten darstellen

Nutze ein Ereignis, um es in verschiedenen Textsorten aufs Papier zu bringen. Beobachte vorher Vorgänge in der Natur. Nimm aufmerksam war, was um dich herum geschieht. Vielleicht hast du Kinder beim Spielen beobachtet oder zwei Tiere im Wald gesehen. Vielleicht hast du bei einem Spaziergang in einer Schlossruine eine verschlossene Tür entdeckt.

Stelle dieses Ereignis in mehreren Textsorten dar. Mache zuerst einen Tagebucheintrag. Schreibe dann einen Zeitungsbericht, ein Märchen, ein Gedicht oder vielleicht noch eine Liebesgeschichte.

Reflektiertes Schreiben

Beim Reflektierten Schreiben überprüfen wir schon während des Schreibens den Text kritisch auf seine inhaltliche und sprachlich-stilistische Wirkung. Wir wechseln immer wieder die Perspektive, treten aus dem eigenen Schreibprozess heraus, betrachten den Text als kritischer Leser oder kritische Leserin und überprüfen, ob er den eigenen Ansprüchen und Zielen entspricht. Diese Art des Schreibens ist komplex und setzt schon eine gewisse Schreiberfahrung und gute Kenntnisse über Orthografie und Syntax, sowie Textsorten und Textstrukturen voraus. Reflektiertes Schreiben basiert unter anderem auf der Beantwortung dieser Fragen:

▷ Stimmen Rechtschreibung und Grammatik?
▷ Ist die Wortwahl passend, reich und variierend?
▷ Fließt die Sprache in Rhythmen?
▷ Stimmen die Metaphern und Bilder?
▷ Verwende ich unterschiedliche Satzstrukturen?
▷ Ist die Handlung packend und logisch?
▷ Gibt es einen Spannungsbogen, den die Leserinnen und Leser über den gesamten Text fesseln können?
▷ Klingen manche Stellen noch holprig oder widersprüchlich?

- ▷ Ist der Schluss passend?
- ▷ Habe ich mit dem Text meine Ziele erreicht?
- ▷ Erfüllt er meine Erwartungen?

Reflektiertes Schreiben fördert das komplexe Denken und erfordert einen ständigen Wechsel zwischen kreativem und kritischem Arbeiten. In diesem Wechselspiel entstehen immer wieder neue gedankliche Konzepte. Dies macht den Reiz dieser Art zu schreiben aus.

Gedichte schreiben ist nicht schwer

Vielleicht denkst du, dass es schwierig sei, Gedichte zu schreiben. Vielleicht hast du wie viele andere in der Schule Probleme mit der Interpretation von Gedichten gehabt und glaubst, dass dir Lyrik nicht liegt. Löse dich von den alten Hemmnissen und stelle dich der Herausforderung. Bei einem Gedicht handelt es sich zwar um eine Form des angeleiteten Schreibens, aber es gibt vielfältige Möglichkeiten, sich auszudrücken, und trotzdem viel Freiraum in der Darstellung zu haben. Durch das Verfassen von Lyrik kannst du deine Schreibkompetenz immer mehr erweitern. Vielleicht findest du Freude daran, Gedichte zu verfassen. Wage dich zunächst an einfache Strukturen.

Sammle zu einem Thema Gedanken, Ideen und Wörter. Greife dafür auf die Vorschläge aus dem Kapitel „Kreativ Ideen sammeln" zurück. Manche dieser Sätze, Teilsätze oder Wörter eignen sich bestimmt als Gedichtbausteine.

Gedichte müssen nicht immer einen Reim am Ende der Zeile haben. Wichtiger sind ein sich wiederholender Rhythmus und eine verdichtete Aussage.

Die folgenden Gedichtformen erleichtern dir den Einstieg in das Gedichteschreiben. Arbeite zunächst genau nach der vorgegebenen Struktur. Wenn dir das Formulieren leicht von der Hand geht, kannst du dich nach und nach von Vorgaben lösen und eigene Ideen entwickeln. Feile solange an deinen Zeilen, bis sie rund und schlüssig sind. Du kannst bei einem Gedicht jede Zeile mit einem großen Buchstaben beginnen.

Elfchen

Ein Elfchen besteht aus einer Anordnung von elf Wörtern, die in der Ursprungsform einen bestimmten inhaltlichen und grammatikalischen Zusammenhang haben. Diese Gedichtform hat Jos van Hest aus den Niederlanden nach Deutschland gebracht.

So wird es gemacht:
Überlege dir ein Thema und finde ein passendes Nomen (Hauptwort), zum Beispiel „Lavendel". Ziehe fünf Linien für die einzelnen Gedichtzeilen und beginne mit der zweiten Zeile. Schreibe dein Wort mit seinem Artikel (Begleiter), zum Beispiel „der Lavendel". Schreibe darüber in die erste Zeile eine Eigenschaft (Adjektiv), zum Beispiel „blau". Benenne in der dritten Zeile zwei weitere Eigenschaften und verbinde diese Adjektive mit „und", zum Beispiel „lieblich und verführerisch" Du kannst den Gegenstand (den Lavendel) aber auch auf andere Weise mit drei Wörtern näher beschreiben. In der vierten Zeile beschreibst du in vier Wörtern deinen Eindruck oder die Wirkung auf dich, zum Beispiel „ich lass mich berühren". Drücke in der fünften Zeile in einem aussagekräftigen Wort ein Gefühl aus, zum Beispiel „traumhaft".

So klingt ein fertiges Elfchen:

Blau
Der Lavendel
Lieblich und verführerisch
Ich lass mich berühren
Traumhaft

Wenn du möchtest, kannst du noch eine Überschrift darüber setzen, zum Beispiel „Wunder der Natur".

Haiku

Das Haiku gehört zu den kürzesten lyrischen Formen, die in der Weltliteratur Bedeutung erlangt haben. Es hat drei Zeilen, bei denen es nicht, wie beim Elfchen, um die Anzahl der Wörter geht, sondern um die der Silben. Das Haiku hat insgesamt 17 Silben. Endreime hat das Haiku nicht. Seine Wurzeln reichen zurück bis in die Anfänge der japanischen Poesie, und es erhielt mit dem Dichter Matsuo Bashô (1644 – 1694) im 17. Jahrhundert sein bis heute gültiges Gesicht. Gedanklich steht das Haiku in Verbindung mit dem Zen-Buddhismus. Sein Thema ist die Natur. Meist wird Gegenständliches aus der Natur beschrieben und in ein konkretes Geschehen eigebettet. Diese japanische Gedichtform ist in Deutschland von Josef Guggenmos, einem Kinderlyriker und „Meister der kleinen Form", bekannt gemacht worden.

So wird es gemacht:

Beobachte die Natur in deiner Umgebung. Nimm wahr, was du siehst, hörst, riechst, spürst und was du denkst und fühlst. Sammle passende, klangvolle Wörter und Satzteile, die dein Erleben beschreiben. Ziehe auf einem Blatt drei Linien. Für die erste Zeile wählst du Wörter mit insgesamt fünf Silben. Die zweite Zeile hat sieben Silben und die dritte wieder fünf.

Feile so lange an deinen Zeilen, bis du für dein Thema treffende Aussagen gefunden hast und auch die Silbenzahl stimmt. Hier ein Beispiel:

Knospen brechen auf
Neues Leben will entsteh´n
Frühling kommt ins Land

Das Haiku hat ursprünglich keine Überschrift. Aber du kannst trotzdem eine darüber setzen.

Senryû

Das Senryû besteht aus drei Zeilen, genau wie das Haiku. Jede Zeile hat eine festgelegte Anzahl von Silben. Das Senryû thematisiert eine bestimmte Person und ihre besonderen Eigenschaften, Verhaltensweisen und Gefühle. Diese Gedichtform kommt aus Japan und hat dort eine sehr lange Tradition.

So wird es gemacht:
Ziehe auf einem Blatt drei Linien. Wähle eine Person, über die du schreiben möchtest. Sammle zunächst einige Eigenarten und formuliere unterschiedlich lange Wörter oder Satzteile.

Für die erste Zeile brauchst du Wörter mit insgesamt fünf Silben, für die zweite Zeile sieben Silben und für die dritte wieder fünf. Zum Schluss kannst du darüber eine Überschrift setzen, auch wenn ursprünglich keine gemacht worden ist. Hier ein Beispiel:

Meine Freundin Ilse

Eilig ist ihr Schritt
Immer ist sie unterwegs
Niemals hat sie Zeit

Seven poetry

Das seven poetry hat sieben kompakt formulierte Zeilen. Es entfaltet seine besondere Wirkung dadurch, dass sich das Wort der ersten Zeile in Zeile vier und sechs wiederholt.

So wird es gemacht:
Ziehe sieben Linien auf dem Papier. Beginne mit dem Wort, das dein Thema benennt, in der ersten Zeile. Schreibe es auch in die Zeilen vier und sechs. In der zweiten Zeile sollte stehen, was du unbedingt über dein Thema sagen möchtest. Schreibe in die dritte Zeile ein wichtiges Ereignis, das dazu passt, in die fünfte Zeile dein Gefühl und in die siebte Zeile einen Wunsch, der mit allem in Verbindung steht. Hier ein Beispiel:

Papa
Ich danke dir für deine Liebe
Du bist immer für mich dagewesen
Papa
Jetzt muss ich Abschied nehmen
Papa
Hoffentlich kann ich bald um dich weinen

Einen Text verdichten

Gedichte können auch dadurch entstehen, dass man Geschriebenes verdichtet. Du kannst einen spontan geschriebenen Text aus einer deiner Übungen verwenden, den du noch nicht überarbeitet hast. Du kannst auch spontan einen neuen Text zu einem bestimmten Gegenstand oder Bild schreiben, indem du drei Minuten lang Sätze aneinanderreihst.

Lies nun deinen Text in Ruhe. Du kannst überflüssige Wörter einfach wegstreichen. Markiere die Wörter, Satzteile oder Sätze, die dir besonders gut gefallen. Diese bilden das Sprachmaterial für dein Gedicht. Du kannst die ausgewählten Textteile unterstreichen oder auf Papierstreifen übertragen – auch mehrfach, damit sie sich später im Gedicht auch wiederholen können. Dabei darfst du auch kleine Veränderungen vornehmen. Schiebe nun dein Material hin und her und suche nach einer Anordnung, die dir gefällt. Jetzt ist das Gedicht schon fast fertig. Wenn du anschließend die Textteile ins Reine schreibst, kannst du noch Fehlendes ergänzen und eine Überschrift hinzufügen.

Dein Gedicht ist dadurch entstanden, dass du den spontan geschriebenen Text verdichtet hast. Die Textverdichtung kann man auch gemeinsam in einer Gruppe vornehmen. Dazu schreibt jeder einen spontanen Text, inspiriert zum Beispiel von Kunstpostkarten, Dosen mit Kräutern oder ausgesuchten Gegenständen. Der Textrohling wird reihum weitergereicht und jeder kann Textteile unterstreichen oder auf Papierstreifen schreiben, die ihm besonders gut gefallen. Mit diesen Markierungen oder Papierstreifen aus der Gruppe kann man sich dann wie oben beschrieben ans Werk machen. Hier zwei Beispiele für fertige Gedichte:

Sie ist ganz in ihr Gitarrenspiel vertieft
Ihr Blick drückt Sehnsucht aus
Sie ist ganz in ihr Gitarrenspiel vertieft
Ihre Gedanken sind bei ihren Kindern
Für die sie wieder singen möchte
Sie ist ganz in ihr Gitarrenspiel vertieft

Ich stehe mit dem Rücken an der Wand.
Er kommt immer näher.
Ich stehe mit dem Rücken an der Wand.
Meine Seele schlägt mit den Flügeln.
Ich stehe mit dem Rücken an der Wand.
Wut und Verzweiflung wechseln sich ab.
Ich stehe mit dem Rücken an der Wand.
Er kommt immer näher.

Drei-Satz-Gedicht

Ein Drei-Satz-Gedicht ist ein Dreizeiler und hat eine innere Zeitstruktur, ist aber thematisch offen. Überlege dir ein Thema, über das du schreiben möchtest.

So wird es gemacht:
Ziehe auf einem Papier drei Zeilen für drei Sätze. Das erste Wort der drei Zeilen ist jeweils vorgegeben. Vervollständige dieses zu einem Satz. Beginne den ersten Satz mit dem Wort „Gestern", den zweiten mit „Heute" und den dritten mit „Morgen". Suche, wenn du fertig bist, eine passende Überschrift.

Erstes Beispiel:
Ferien auf der Insel

Gestern war es stürmisch.
Heute ist ein schöner Tag.
Morgen werde ich die Insel erkunden.

Zweites Beispiel:
Erinnerung

Gestern habe ich noch mit dir gemeinsam gelacht.
Heute trauere ich stumm an deinem Grab.
Morgen werde ich mich gerne an dich erinnern.

Du kannst auch andere Satzanfänge wählen, die in einem Zusammenhang stehen, zum Beispiel ich, du, wir.

Sinnesgarten

In diesem siebenzeiligen Gedicht kannst du dein Staunen über die Schönheit der Natur zum Ausdruck bringen.

So wird es gemacht:
Ziehe sieben Zeilen auf einem Papier. In die erste Zeile schreibst du „Wer nie", in die letzte schreibst du die Worte „der hat nicht gelebt". Beschreibe in der zweiten Zeile einen Anblick, der dich sehr stark angerührt hat, in der dritten Zeile, welches besondere Geräusch dir noch im Ohr ist. Schreibe in Zeile vier über einen ganz besonderen Geschmack und in Zeile fünf über einen beeindruckenden Duft, der dich betört hat. Schreibe in die sechste Zeile, was du einmal in einer besonderen Situation gespürt hast oder welche Berührung dir wichtig ist. Hier ein Beispiel:

Wer nie
die verschneiten Berggipfel in dem Licht der aufgehenden Sonne gesehen,
das Zwitschern der Vögel an einem Frühlingsmorgen gehört,
das Salz der Lippen an der Brandung des Meeres geschmeckt,
den Duft des Waldes bei einem Abendspaziergang eingeatmet und
den Kuss eines lieben Menschen auf den Lippen gespürt hat,
der hat nicht gelebt.

Du kannst auch die beiden vorgegebenen Zeilen variieren, zum Beispiel „Wer kein(en)" und „der hat nicht geliebt".

Rondell

Das Rondell ist wie ein Karussell unterschiedlicher Sinneseindrücke. Diese achtzeilige Gedichtform stammt aus Deutschland und besteht aus mehreren wiederkehrenden Elementen. Daher wurde es auch nach dem gleichnamigen Musikstück benannt. Das Rondell eignet sich für ein Lieblingsthema, über das du gerne mehrere unterschiedliche Aspekte zum Ausdruck bringen möchtest.

So wird es gemacht:
Ziehe acht Linien und schreibe in die erste Zeile deinen wichtigsten Gedanken. Schreibe diese Worte auch in Zeile vier und sieben. Gibt es noch etwas Wichtiges, das nicht fehlen sollte? Schreib diesen Satz in Zeile zwei und acht und einen weiteren Gedanken, der dazu passt, in die dritte Zeile. Sieh dir alles genau an. Mit welchem Gedanken könntest du die fünfte Zeile füllen? Finde zum Schluss noch für die sechste Zeile einen passenden Satz. Vielleicht etwas, was du beobachtet oder getan hast. Hier ein Beispiel zum Thema „Frühling":

Es ist Frühling
Die ersten Krokusse blühen.
Die Sonne scheint.
Es ist Frühling.
Neues Leben erwacht.
Ich genieße die Wärme.
Es ist Frühling.
Die ersten Krokusse blühen.

Triolett

Das Besondere beim Triolett ist, dass sich die Zeilenenden nach einem bestimmten Schema reimen. Es gibt zwei Reime, a und b, die dieses Schema bilden: ab aa ab ab.

Das Triolett kreist ähnlich wie das Rondell um ein bestimmtes Thema. Worüber möchtest du schreiben? Sammle Gedanken und Beobachtungen zu einem Thema, das dir am Herzen liegt und wähle die beiden wichtigsten Aussagen für die ersten beiden Zeilen. Diese reimen sich nicht, sie geben aber die beiden Endreime a und b für die folgenden Zeilen vor.

Diese Gedichtform stammt, ursprünglich als Liedform, aus Frankreich und ist im 18. Jahrhundert bei den frühen Romantikern sehr beliebt gewesen. Die Dichter haben diese Form vor allem wegen ihrer eindringlichen Anmut und Zierlichkeit geschätzt.

So wird es gemacht:
Ziehe auf einem Papier acht Linien. Schreibe deine zwei wichtigsten Gedanken in Zeile eins und zwei. Wiederhole den Inhalt der ersten Zeile in den Zeilen vier und sieben, und der zweiten Zeile in der Zeile acht. Wähle für die dazwischenliegenden Zei-

len kurze aussagekräftige Formulierungen. Vielleicht findest du für das jeweilige Ende der Zeile ein Reimwort, das zu Zeile eins oder zwei passt. Die Zeilen dürfen sich reimen, müssen es aber nicht unbedingt. Hier ein Beispiel zum Thema „Träumen":

Träumen ist ein Kinderspiel
Abenteuer will ich leben
Niemals wird es mir zu viel
Träumen ist ein Kinderspiel.
Fliegen will ich bis zum Ziel
Wie ein Adler möcht ich schweben
Träumen ist ein Kinderspiel
Abenteuer will ich leben

Strong Emotion

Dieses Gedicht besteht aus einem langen Satz, in dem starke Gefühle einer Person zum Ausdruck kommen. Das Gedicht hat eine klare thematische Struktur, die besonders zur Wirkung kommt, wenn du klingende und ausdrucksstarke Bilder für den Gefühlszustand findest.

So wird es gemacht:
Ziehe auf einem Papier fünf Linien. Stelle dir die Person vor, über deren Gefühle du schreiben möchtest. Die erste Zeile besteht aus einem markanten Wort, das beschreibt, wie sich die Person fühlt. Finde für die zweite Zeile zwei Worte, die zeigen, wie sich die Person in diesem Gefühlszustand bewegt. Beschreibe in Zeile drei, wo die Person ist, und in Zeile vier, wie es dort aussieht. Warum ist die Person dort? Schreibe ihre Motivation in die fünfte und letzte Zeile.

Erstes Beispiel:
Orientierungslos
Irrt sie
Durch das Labyrinth
Der abgestandenen Nebelschwaden
Um ihre gestohlene Seele zu suchen

Zweites Beispiel:

Glücklich

Tanzt sie

Über das Parkett

Der geballten Hoffnungen

Um ihrem Leben eine neue Richtung zu geben

Lyrik für Fortgeschrittene

Gedichte fallen vor allem durch ihre regelmäßige Struktur und die kunstvolle Anordnung klingender Wörter auf. Erst wenn wir Gedichte laut sprechen, können ihr Klang und die zugrundeliegenden Rhythmen wirken. Das Hören und laute Lesen weckt unsere inneren Bilder und macht Lyrik für uns zu einem ästhetischen Erlebnis, bei dem sich Klang, Rhythmus und Inhalt gegenseitig verstärken.

Lyrik ist verdichtete und rhythmisierte Sprache, die Gefühle und Stimmungen in Bildern beschreibt. Die Szenarien werden meistens sehr präzise dargestellt, indem der Autor mit der Sprache spielt und seinen Text sprachlich kreativ gestaltet. Die wichtigsten Gestaltungselemente für lyrische Sprache sind Reim, Rhythmus und Strophe.

Erstes Beispiel:
Sehnsucht
Du hältst mich gefangen
Quälst mich
Raubst mir den Verstand
Und verschleierst meinen Blick

Sehnsucht
Du zeigst mir neue Wege
Öffnest mir Türen

Machst mir Mut
Und gibst mir Kraft

Sehnsucht
Du begleitest mich mein Leben lang
Verlierst mich nie aus dem Blick
Und treibst mich an

Zweites Beispiel:
Er ist glücklich
wenn er Erfolg hat
aufsteigt und siegt
und andere auf der Strecke bleiben

Sie ist glücklich
wenn sie Rache nimmt
andere demütigt
und Macht ausüben kann

Du bist glücklich
wenn du für Erdbebenopfer spendest
deinem Nachbarn hilfst
und deinen Kindern ein gutes Vorbild bist

Ich bin glücklich
wenn ich mir täglich Gutes tue
mich von der Natur verzaubern lasse
und unter dem Sternenhimmel meditiere

Drittes Beispiel:
Er spielt den Träumer
Gibt sich den Intuitionen hin
Wirkt träge auf seine Umwelt
Die Rolle schafft Mitgefühl

Sie spielt das Flittchen
Schaut den Männern nach
Weckt Gefühle in ihnen
Die Rolle schafft Wolllust

Er spielt den Geizhals
Klammert sich an jedes Geldstück
Erscheint ordnungsliebend
Die Rolle schafft Struktur

Sie spielt den Clown
Sprüht vor Lebensfreude
Zieht bewundernde Blicke auf sich
Die Rolle schafft Freiheit

Er spielt das Lästermaul
Redet ununterbrochen über andere
Täuscht Menschenkenntnis vor
Die Rolle schafft Verständnis

Sie spielt die Hexe
Verändert Situationen durch Beschwörung
Bringt Schaden und Heilung gleichermaßen
Die Rolle schafft Distanz

Beide erproben sich
Neugierig
Voller Lust
Entdecken immer wieder etwas Neues
Unbekanntes
An ihrer eigenen Person

Der Reim

Reimgedichte bleiben uns meistens länger im Ohr und sind sehr beliebt. Wir können oft noch gereimte Gedichte oder Sprüche aufsagen, die wir vor vielen Jahren gelernt haben. Auch Merksätze und Werbespots werden häufig in rhythmische Sätze mit Reimen verpackt, damit sie sich besser einprägen, zum Beispiel „Trenne nie st, denn es tut ihm weh" oder „Iller, Lech, Isar, Inn fließen rechts zur Donau hin. Altmühl, Naab und Regen fließen links entgegen" oder „Ein frisches Hemd gibt Wohlbehagen, nicht nur an Sonn- und Feiertagen".

Bei gereimten Glückwünschen, Büttenreden oder Liedtexten passiert es schnell, dass die Grammatik nicht ganz korrekt ist, weil sich die Zeilen reimen müssen. Du solltest darauf achten, auch in Reimgedichten möglichst richtige Sätze zu bilden. Es besteht sonst die Gefahr, dass sich das Gedicht gestelzt oder hölzern anhört. Bevor du die Sprache zu sehr verbiegst, mache lieber einen neuen Anlauf und formuliere die holprigen Stellen um.

Eine besondere Vielfalt gibt es bei den Reimmustern. Von Paarreim sprechen wir, wenn sich die zweite auf die erste Zeile reimt, die vierte auf die dritte und so weiter. Es entsteht das Reimmuster aa bb cc dd ee. Wenn die reimenden

Enden kreuzweise nach dem Muster abab cdcd efef ange-
ordnet sind, nennt man das Kreuzreim. Von Klammerrei-
men spricht man, wenn zum Beispiel einzelne Verszeilen
von Reimen umklammert werden, wie bei dem Muster aba
bcb. Schau dir die Beispiele an und achte darauf, um welches Reimmuster es sich handelt.

Das erste Beispiel:
Du und ich

Im Sog der Lust auf Abenteuer
berauschen wir uns Schritt für Schritt.
Wir tauchen ein ins Sternenfeuer
und steigen auf bis zum Zenit.

Das zweite Beispiel:
Grenzgänger

Ich stehe vor der Bücherwand
voll Neugier und ich such´
was mich zum Lesen reizt und bannt
und greif' nach einem Buch.

Ich schwebe mit der Hauptfigur
ganz leicht durch Zeit und Raum
und höre Klänge – Moll und Dur –
so wie in einem Traum.

Mir wachsen Flügel mit der Zeit,
bin Mensch und auch mal Tier.
Die Bilder, die Lebendigkeit,
sieht niemand außer mir.

Erst lese ich auf weichem Moos,
dann liege ich im Bett
und lese weiter, atemlos,
mein Buch von A bis Zett.

Sie ist so mutig, die Gestalt,
sie hat so viel geschafft.
Sie nimmt mir Angst, auch vor Gewalt,
sie gibt mir Trost und Kraft.

Wer ist er, dieser Buchautor,
der immer zu mir spricht?
Er holt den Spiegel oft hervor,
hält ihn vor mein Gesicht.

Was denkt er über mich konkret?
Das lässt mir keine Ruh.
Er ist ein Meister, ein Poet.
Ich hör ihm gerne zu.

Dieses Gedicht hat nicht nur eine klare Reimstruktur, sondern –
wie du vielleicht beim Lesen bemerkt hast – auch einen regelmäßigen Takt und Rhythmus. Wenn du Freude am Reimen hast,
kannst du dich mit dem Rhythmus näher beschäftigen.

Lieder sind meist vertonte Gedichte. Vor einem Kindergeburts-
tag kannst du ein einfaches Kinderlied, zum Beispiel „Hänschen
klein", aufschreiben und die Wörter so verändern, dass der Text
zu einem bestimmten Kind passt. Dieses Lied können dann am
Festtag alle Gäste zusammen singen.

Tipp 1: Betonungsmuster in Gedichten

In der Alltagssprache werden die Silben der Wörter unterschiedlich betont. In Gedichten macht man sich diesen Wechsel aus betonten und unbetonten Silben zunutze, um einen Rhythmus zu erzeugen.

In der Verslehre unterscheidet man zwischen Hebungen und Senkungen, je nachdem wie lang die Stimme auf einer Silbe verweilt. Bei Hebungen verweilt die Stimme länger auf einer Silbe als bei Senkungen. Daher spricht man bei Hebung auch von betonter Silbe und bei Senkung von unbetonter Silbe.

Zwei oder drei Silben, die ein bestimmtes Muster aus Hebung und Senkung haben, bilden jeweils eine Einheit. Diese nennt man Versfuß.

Ein Versfuß aus zwei Silben hat die Betonung entweder auf der ersten Silbe, (wie bei „Kater" oder „Hände"), oder auf der zweiten (wie bei „Geduld" oder „genau"). Bei einem Versfuß aus drei Silben wird entweder die erste (wie bei „Eigentum") oder die letzte Silbe (wie bei „verschont") betont. Die Betonungsmuster können sich innerhalb einer Verszeile auch über mehrere Wörter erstrecken, da es ja auch einsilbige Wörter („Mut") gibt. Vielsilbige Wörter, wie „Unterstellung" gehören dann zu zwei aufeinander folgenden Versfüßen. Eine bestimmte Anordnung solcher Versfüße erzeugt den typischen Rhythmus oder auch Takt eines Gedichtes.

Es kommt beim Schreiben rhythmisch klingender Gedichte also darauf an, die regelmäßigen Betonungsmuster auf eine passende Anzahl von Silben zu verteilen, sodass es nicht holprig wirkt, sondern der Takt harmonisch fließen kann. Manchmal fällt die Hebung – und damit die Betonung – auf Silben, die wir vielleicht in der Alltagssprache nicht hervorheben würden oder umgekehrt. Eine in der Alltagssprache unbetonte Silbe wird eine Hebung im Versfuß. Damit solltest du bei deinen Gedichten möglichst sparsam umgehen. Besser ist es, wenn die normale Aussprache zu dem Rhythmus deines Gedichtes passt.

Tipp 2: Versfüße

Die traditionellen Versmaße unterscheiden sich zunächst darin, dass der Rhythmus mit einer betonten oder mit einer unbetonten Silbe beginnt.

Der Versfuß „Trochäus" ist ein **Ersttakt**, der mit einer Betonung beginnt:

Kater Karl von Hohemark ...

Die Versreihe kann wahlweise mit einer betonten oder einer unbetonten Silbe auslaufen.

Beim „Jambus", dem **Zweittakt**, ist die Betonung auf der zweiten Silbe:

Fast täglich musste ich als Kind zum Bäckerladen laufen ...

Bei drei Silben gibt es den **Erstdritteltakt**, den „Dactylus" mit der Betonung auf der ersten der drei Silben:

Reich mir zum Abschied noch einmal die Hände ...

Beim „Amphibrach", dem **Mitteltakt**, liegt die Betonung auf der mittleren Silbe:

Es kann ja nicht immer so bleiben ...

Beim „Anapäst", dem **Dritttakt**, liegt die Betonung auf der dritten Silbe:

Wenn der Hund mit der Wurst nicht mehr bellt ...

Das einmal gewählte Versmaß bei einem Gedicht solltest du in allen Strophen beibehalten, weil sonst die Verse holprig werden. Ebenso solltest du einen Wechsel in der gleichen Verszeile vom Ersttakt auf den Zweittakt und umgekehrt vermeiden.

Moderne Lyrik kommt oft auch ohne Reim, Strophen und einen regelmäßigen Rhythmus aus. Dennoch ist ein Text erst dann ein Gedicht, wenn er auf irgendeine Art sprachlich verdichtet und strukturiert ist. Man spricht daher bei Lyrik von gebundener Sprache im Gegensatz zur Prosa.

Prosa schreiben

Prosatexte bestehen aus ganzen Sätzen, die fließend aufeinander folgen. Sie können sowohl zu den freien Formen wie auch zu den gebundenen Formen gehören. Wir unterscheiden in der Prosa zwischen Sachtexten und fiktionalen Texten.

Sachtexte sind vor allem der Wahrheit und Realität verpflichtet, wie zum Beispiel Informationstexte, Tagebucheintragungen, Berichte und Reisebeschreibungen.

In fiktionalen Texten ist die Handlung teilweise oder ganz erfunden, wie bei Kurzgeschichten, Fantasiegeschichten, Märchen, Sagen, Legenden, Fabeln, Schwänken, Witzen oder Romanen. Auch wenn die Handlung und die Figuren erfunden sind, kann die Geschichte auf realen Begebenheiten basieren. Diese Textsorten gehören zu den gebundenen Formen, weil sie klare Vorgaben haben, die du beachten musst.

Auf den nächsten Seiten wirst du mit diesen Textsorten vertraut werden. Du bekommst genaue Anleitungen, die dir helfen, dich im Rahmen dieser gebundenen Formen auszudrücken.

Informationstext

Schreibe einen kleinen Informationstext. Betrachte zum Beispiel einen Gegenstand, ein Tier oder eine Pflanze und beobachte, wie er, sie oder es sich bewegt oder verhält. Eigne dir zusätzlich zu deiner eigenen Beobachtung Wissen aus mehreren unterschiedlichen Quellen an, zum Beispiel aus Sachbüchern, Zeitungen, bei Experten, im Fernsehen und Internet. Diese Recherche ist für das Schreiben generell hilfreich, aber für Sachtexte ist sie unverzichtbar. Je ausführlicher dein Text wird, desto gründlicher solltest du recherchieren. Suche dir gute Quellen, zum Beispiel Experten, wie Feuerwehrmänner, Ärzte, Köche, Zoowärter, Förster und beziehe ihre Erfahrungen mit ein.

Ein Informationstext lässt sich gut ergänzen, zum Beispiel mit Fotos oder Zeitungsausschnitten, Zitaten mit Quellenangaben, Dokumenten und Zeichnungen. Er soll sachlich und richtig informieren, und er soll Auskunft über Dinge oder Sachverhalte geben. Du darfst Vermutungen äußern, aber nichts erfinden. Du solltest über das, was du beschreibst, Bescheid wissen und auf Nachfrage hin auch belegen können, woher du dein Wissen hast.

Sei vorsichtig mit Plattformen im Internet, die ihre Behauptungen nicht gut belegen oder keine Quellen angeben. Offizielle Seiten von Behörden, Forschungsinstituten oder anerkannten Wissenschaftlern oder Informationsdienstleistern wie Wikipedia sind sicherer als Facebook oder Instagram, wo es kaum eine zuverlässige Kontrolle über die Inhalte gibt.

Beispiel:

Feuer

Feuer ist ambivalent. Menschen brauchen es zum Leben, aber es kann auch gefährlich werden und Leben vernichten.

Die Sonne ist ein Feuerball und auch im Erdinneren ist es glühend. Bei einem Vulkanausbruch kommt heiße Lava an die Erdoberfläche. Die Sonne schenkt uns Wärme und Licht. Sie erzeugt die Wolken, den Regen und den Wind. Sie sorgt dafür, dass Pflanzen wachsen, Tiere und Menschen leben.

Die Menschen haben schon vor mehreren tausend Jahren das Feuer in ihrem Alltag und in ihrem Haushalt genutzt. Sie haben die Wohnung beheizt, die Wäsche gekocht und die Wohnung mit dem Licht der Kerzen erhellt. Sie haben aber auch immer großen Respekt vor dem Feuer gehabt. Aus einer kleinen Flamme kann sehr schnell ein großes Feuer werden, wenn man nicht aufpasst, und auf diese Weise kann ein ganzes Haus, ja eine ganze Stadt, verbrennen. Heute noch ist in heißen Sommern, wenn es lange nicht geregnet hat und die Pflanzen sehr trocken sind, Lagerfeuer oder Grillen im Wald streng verboten.

Feuer ist früher auf verschiedene Art durch Reibung erzeugt worden. Heute hilft der elektrische Strom bei der Arbeit im Haushalt.

Tagebuch

Mit einem Tagebuch kannst du das Schreiben zu einem festen Ritual in deinem Leben machen. Halte täglich zu einer festen Uhrzeit fest, womit du dich beschäftigst und was du erlebst und wahrnimmst. Nimm dein Tagebuch mit in den Urlaub und notiere auch an fremden Orten deine Eindrücke und Erlebnisse. Das Schreiben eines Tagebuchs ist eine sehr verbreitete und mittlerweile literarische Form des Schreibens. Aus Tagebuchaufzeichnungen sind schon viele literarische Werke entstanden.

Wir können von abenteuerlichen Reisen lesen, aber auch von verwundeten Seelen und von ergreifenden Versuchen, sie zu heilen. Wie viel bei solchen literarischen Tagebüchern tatsächlich authentisch ist und täglich notiert wurde, ist oft nicht mehr rekonstruierbar.

Eines der weltweit bekanntesten Tagebücher ist das „Tagebuch der Anne Frank", die Aufzeichnungen eines jüdischen Mädchens, das sich zusammen mit ihrer Familie vor der Verfolgung durch die Nationalsozialisten verstecken musste.

Über die Form und den Inhalt deines Tagebuches kannst du frei entscheiden, es gibt keine Vorgaben oder Regeln. Nutze diese Freiheit, um dich täglich selbst besser kennenzulernen und dein Schreiben weiterzuentwickeln. Ein Beispiel ist ein über einhundert Jahre altes Schiffstagebuch von Otto Imgrund:

Es war eine sternenhelle Nacht, als wir nach zehntägigem Weihnachtsurlaub am 2. Januar in unsere alte Behausung, Fort Mariensiel, ankamen. Wir wünschten uns alle ein glückliches neues Jahr. Das alte kameradschaftliche Leben von früher war wieder geschlossen. Noch acht Tage, dann heißt es: „So leb denn wohl, mein Vaterland", denn am 8. Januar soll die Ausreise nach dem fernen Osten angetreten werden. Noch gab es viel zu schaffen, um für die weite Reise gerüstet zu sein, ein letzter Brief an die Lieben daheim und der langersehnte Tag brach an.

Am 7. Januar 1910

Frühmorgens war großes Wecken zum letzten Mal in der Heimat. Die letzten Vorbereitungen wurden für die Reise getroffen. Pünktlich zur festgesetzten Zeit stand die Kompanie fertig zum Abmarsch. Unter den Klängen der Musik zogen die dreihundert Seesoldaten fort aus dem liebgewonnenen Mariensiel, voller Hoffnung und doch so still, denn wohl mancher hoffte, wieder gesund zurückzukehren. Aus manchem Fenster reckte sich noch eine Gestalt und rief oder winkte uns ein letztes Lebewohl zu. Manches Abschiedslied wurde noch gesungen, bis uns die Häuser von Wilhelmshaven ins Auge fielen, von wo aus die Fahrt von statten gehen sollte. Schon von weitem sahen wir die mit Wimpeln und Flaggen geschmückte Patricia stolz und majestätisch vor uns liegen. Mit gemischten Gefühlen betrachtete jeder sein zukünftiges Heim. Wirst du, Patricia, uns glücklich über das Weltmeer bringen? Wirst du den Wellen des Meeres standhalten? So fragte sich mancher von uns, besonders die, die noch nie auf See

waren. Ja, ich vertraue dir. Du wirst uns hinübergleiten, Du musst
den Tücken des Meeres wiederstehen, denn dir sind eintausendzwei-
hundert Menschen anvertraut.

Am 9. Januar 1910

Als wir am Morgen erwachten und an Deck kamen, bot sich unseren
Blicken nichts als Himmel und Wasser. Ruhig und majestätisch teilte
die Patricia die Wasserfläche der Nordsee. War schon am Tage nichts
zu erblicken, so fiel am Abend solch ähnliche Hoffnung erst recht ins
Wasser. Nur ein kleines Aufblicken ließ vermuten, dass wir uns der
englischen Küste näherten. Tatsächlich waren wir in den Ärmelka-
nal eingefahren und zeigte sich auch bald ein heller Lichtkranz von
Brighton. Die Stadt bot einen hübschen Anblick und war auch die
einzige Abwechslung an diesem Tage. Manche Erinnerung an die
Heimat wurde uns ins Gedächtnis gerufen. Fast jeder musste sich klar
machen, dass ähnliche abwechslungsarme Tage in der Reiseordnung
einbegriffen waren. Diese Nacht war an Schlaf nicht zu denken, denn
fortwährend ertönten die Dampfpfeife und das Nebelhorn wegen des
hier herrschenden Nebels. Dazu setzte noch ein starker Sturm ein und
unser Schiff schwankte heftig.

Am 17. Januar 1910

In früher Morgenstunde hatten wir die Insel Sizilien, bekannt durch
die furchtbaren Erdbeben, wonach die Stadt Messina schwer heim-
gesucht wurde, passiert. Gleichzeitig konnten wir steuerbord die Insel
Malta erkennen, an und für sich eine kahle, jedoch durch die hier
herrschende Hitze des Südens fruchtbare Insel. Die Straßen dieser
schönen Stadt waren völlig leer, wohl wegen der herrschenden Hitze.
Dieser Anblick entschwand jedoch bald wieder unseren Blicken und
das einsame Bild des Meeres war alles, was wir sahen.

Am 18. Januar 1910

Die Wärme hatte plötzlich und beträchtlich zugenommen, sodass sich fast alle Männer an Deck aufhielten. Gegen drei Uhr sichteten wir die dunklen Gebirge von Kreta. Der Strand war wie fast alle Küsten des Mittelmeeres durch hohe Gebirgszüge eingefasst, die eine Höhe bis zu dreitausend Metern haben. Von Häusern und Menschen war nichts zu sehen. Wunderschön sah es aus, als die Abendsonne die Gipfel beschien und dieselben durch sich immer tiefer senkende Wölkchen eingehüllt wurden. Die See war ruhig und spiegelglatt, abgesehen von den kleinen Wellen, die sich hier und da erhoben. Es war eine herrliche Fahrt besonders am Abend, wenn der Himmel in seiner Sternenpracht erstrahlte und der Mond seinen fahlen Schein über die Wasserfläche warf. Dann zog eine feierliche Stille ins Herz ein, als wenn man dem Meer sein Geheimnis, das in tiefer Stille ruht, ablauschen wollte. Es war alles ruhig wie im Grabe. Nur das geheimnisvolle Rauschen der Wellen, die vorne am Bug des Schiffes aufspritzen, konnte man hören ...

Bericht

Der Bericht ist eine journalistische Textform, bei der es um gut recherchierte Informationen zum einem Thema geht und die Sachlichkeit im Vordergrund steht. Es gibt klare Regeln, was ein Bericht nach Möglichkeit mindestens enthalten sollte. Subjektive Eindrücke oder Gefühle gehören normalerweise nicht hinein. Ein gutes Gerüst für deinen Bericht ist die Beantwortung der sogenannten W-Fragen: Wer? Was? Wann? Wo? Wie? Warum? So könnte man sie auch genauer formulieren:

▷ Wer hat was getan?
▷ Was ist genau geschehen?
▷ Wann und wo ist es passiert?
▷ Wie kam es dazu?
▷ Warum hat jemand etwas getan?

Schreibe einen Bericht für die Zeitung oder ein anderes Publikum. Beantworte in deinem Text schrittweise die sechs W-Fragen. Vielleicht gibt es noch weitere W-Fragen, die für dein Thema interessant sind.

Beispiel:

Am Samstag, dem 21. August 2021, waren die Gäste im Duisburger Zoo pünktlich um zehn Uhr versammelt und warteten gespannt.

Das neue Becken für die Delfine war endlich fertig geworden und sollte eröffnet werden. Zur Einweihung waren neben dem Zoowärter Martin Meyer auch Zoodirektor Dr. Gernot Lauterbach, Bürgermeister Lambert Heinzmann und mehrere Stadtvertreter anwesend.

Gerade in dem Augenblick, als der Bürgermeister die Anwesenden begrüßte, sprang plötzlich ein Delfin in die Höhe, machte einen Salto und platschte zurück ins Becken. Die Gäste wurden von einem Wasserschwall erfasst. Aber alle kamen mit dem Schrecken davon. Niemand wurde verletzt ...

Reisebeschreibung

In einer Reisebeschreibung kannst du festhalten, wo du gewesen bist und was du auf deiner Reise gemacht, gesehen und erlebt hast. Dafür gibt es viele unterschiedliche Möglichkeiten, zum Beispiel eine Art Logbuch, in dem nur die Fakten notiert werden, wie Länge und Ziel der Reise, Ortsnamen, Zeiten, Sehenswürdigkeiten oder Unterkünfte. Das Reisetagebuch dagegen gibt dir mehr Raum für stimmungsvolle Beschreibung, dein persönliches Erleben, deine Gefühle und Gedanken. Es ist ein großer Unterschied, ob du die Reisebeschreibung als Erinnerung für dich und deine Mitreisenden schreibst oder ob du andere damit erreichen möchtest. Wenn du für andere schreibst, solltest du daraus eine Reiseerzählung machen und die Regeln einer guten und spannenden Geschichte berücksichtigen. Erzähle nicht alle Details, sondern konzentriere dich auf das Besondere und Spannende deiner Erlebnisse und erwähne Details nur dann, wenn sie für die Geschichte bedeutsam sind.

Eine Reisebeschreibung kann zwei Seiten lang sein oder in einem ganzen Buch erzählt werden. Du kannst sie allerdings auch komplett erfinden, sodass es sich dann aber um einen fiktionalen Text handelt und nicht um einen Sachtext.

Kurzgeschichte

Eine Kurzgeschichte ist knapp, gedrängt und dicht erzählt. Die gesamte Darstellung bleibt auf das Wesentliche beschränkt und es wird auf das Ausmalen von Stimmungen, Gedanken oder Charakteren verzichtet. Die Kurzgeschichte beginnt unmittelbar und ohne Einleitung und konzentriert sich ganz auf ein einzelnes Geschehen. Die Figuren sind normale Personen mit alltäglichen Problemen und keine vielschichtig dargestellten Helden. In der Handlung geht es um deren zentralen Konflikt, der in der Regel chronologisch und in Alltagssprache erzählt wird und ohne erklärende Ausführungen auskommt. In einer Kurzgeschichte soll vieles offen bleiben. Oft schließen Kurzgeschichten abrupt und offen oder mit einer plötzlichen Wendung ab. Kurzgeschichten eignen sich hervorragend, wenn du über einen Gedanken, eine Situation oder ein Problem schreiben möchtest. Du brauchst ein griffiges Thema und eine Grundidee. Als Vorbereitung kannst du deine Gedanken in Stichworten sammeln oder eine deiner Wörtersammlungen zur Hand nehmen.

Ein Beispiel für eine Kurzgeschichte:

„Es klappt gut in der Schule. Ich möchte Ärztin werden. Das ist mein Traum." Das junge Mädchen begrüßte mich lachend, als ich sie im Eiscafé traf. Sie saß mit einem jungen Mann am Tisch. Ich setzte mich dazu. Sie war stolz, dass sie als türkisches Mädchen ein Gymnasium besuchen konnte. „Meine Eltern unterstützen mich. Ich brauche meiner Mutter im Haushalt nur wenig zu helfen, damit ich genug Zeit zum Lernen habe", berichtete sie weiter.

Ich erinnerte mich an die Zeit, in der das Mädchen gerade Lesen und Schreiben lernte. Sie beherrschte die deutsche Sprache sehr schnell fast akzentfrei. Mit ihrer Familie wohnte sie in einem Haus am Brunnenplatz. Zu verschiedenen Schulaktivitäten holte ich sie mehrmals von zu Hause ab und lernte so ihre Familie kennen. Sie hatte sechs ältere Geschwister. Ihr Vater arbeitete auf der Zeche. Während der Grundschulzeit war sie schon eine begabte und erfolgreiche Schülerin. Ihre unermüdliche Lernfreude und anhaltende Konzentrationsfähigkeit war vorbildhaft für die meisten Kinder der Klasse.

Als sie im vierten Schuljahr war, mussten ihre Eltern die Entscheidung treffen, an welcher weiterführenden Schule sie angemeldet werden sollte. Ich machte ihnen den Vorschlag, ihre Tochter zum Gymnasium der Ursulinen zu schicken. Mit ihrem Einverständnis nahm ich das Mädchen an die Hand und fuhr selbst mit ihr zur Schulleiterin. Nach einem gemeinsamen Gespräch und einem Blick auf die Zeugnisse fiel die Entscheidung. Ich durfte das Ergebnis aber noch nicht meiner Schülerin mitteilen. Sie musste, wie alle anderen Bewerberinnen und Bewerber, auf die schriftliche Zusage warten. Dieser Brief kam bald, und die Freude war groß.

Am letzten Schultag vor den Sommerferien wünschte ich allen Kindern für die Zukunft viel Glück und überreichte ihnen anschließend in der Aula ihre Zeugnisse. Als ich später in den Klassenraum ging, um meine Materialien in mein Auto zu bringen, stand in großen bunten Buchstaben „Danke für alles" an der Tafel. Ihren Namen hatte sie darunter geschrieben. Eine ganze Weile schaute ich bewegt auf diesen Gruß und dachte laut: „Ich wünsche dir von ganzem Herzen, dass du deinen Weg selbstbestimmt gehen kannst."

Nun saß mir eine junge attraktive Frau gegenüber und berichtete von ihren Erfolgen. „Sind im nächsten Jahr um diese Zeit schon die Abiturprüfungen?", fragte ich. Sie nickte und sagte mit einem lächeln-den Blick auf den jungen Mann: „Wir beide machen seit einiger Zeit gemeinsam unsere Aufgaben. Wenn es ein Problem gibt, sprechen wir so lange darüber, bis wir alles verstanden haben." Ich sah mich in meiner damaligen Entscheidung bestärkt.

Etwa ein Jahr später traf ich den jungen Mann in der Stadt. „Darf ich schon gratulieren?", fragte ich vorsichtig. „Ich habe noch eine mündliche Prüfung. Aber Sorgen brauche ich mir keine zu machen", antwortete er. Doch während er das sagte, wirkte er bedrückt. „Ist etwas nicht in Ordnung?", wollte ich wissen. Er holte tief Luft und erwiderte dann leise: „Sie liegt im Krankenhaus." „Warum? Was hat sie?" fragte ich ihn hastig. Er druckste herum. „Mmh, ja", begann er dann. „Ihr Vater hat vor ungefähr einem Jahr erfahren, dass wir uns einige Male nach der Schule im Eiscafé getroffen haben. Doch seine Kultur hat eine Freundschaft zwischen uns nicht zugelassen. Andere Leute sollen nicht über seine Tochter reden." „Ja und was dann?", fragte ich verwirrt. „Er hat sie von der Schule abgemeldet und mit einem türkischen Mann verheiratet. Sie hat keine Chance gehabt, sich dagegen zu wehren. Jetzt liegt sie im Krankenhaus, weil sie vor drei Tagen ein Kind bekommen hat."

Schreibe nun selbst eine Kurzgeschichte.

Fantasiegeschichte

Fantasiegeschichten sind in Wirklichkeit nicht so passiert. Du darfst dir Figuren, Ort und Handlung ausdenken und frei erfinden. Dabei kannst du mit viel Fantasie auch deine Sehnsüchte, Wünsche und Träume wahr werden lassen. Erwecke deine Figuren zum Leben und lasse sie etwas erleben, denn Fantasiegeschichten brauchen Helden oder Heldinnen, die den Leser mitfiebern lassen. In einer Fantasiegeschichte musst du nicht alles neu erfinden. Du kannst wirkliche Begebenheiten und erfundene mischen und Figuren erschaffen, die reale und gleichzeitig märchenhafte Eigenschaften haben. Lass deine Figuren zum Beispiel eine Zeitreise machen, Gedanken hören, auf einem Teppich oder Vogel fliegen, andere Planeten besuchen, auf dem Meeresgrund leben oder mit Tieren und Pflanzen reden. Die Fantasiegeschichte hat in der Regel einen klassischen Aufbau mit Einleitung, Hauptteil und Schluss. Die Einleitung soll erste Spannung erzeugen und zum Weiterlesen verlocken. Außerdem führt sie den Leser in die unbekannte und fantasievolle Welt deines Helden ein. Im Hauptteil steigert sich die Spannung bis zu einem Höhepunkt. Danach klingt die Geschichte aus und führt am Schluss vielleicht sogar an den Ausgangspunkt zurück. Sie kann aber auch an einem anderen Ort enden, vielleicht dort, wo der Held sein Glück gefunden hat. Die Handlung solltest du geordnet und in einer sinnvollen und nachvollziehbaren Reihenfolge erzählen. Du kannst die Fantasiegeschichte entweder ganz direkt erlebbar in der Gegenwart (Präsens) schreiben oder mit etwas innerem Abstand in die Vergangenheit (Präteritum) verlegen. Probiere aus, was dir mehr liegt. Aber wechsle innerhalb einer Geschichte nicht zwischen beiden Perspektiven hin und her, das könnte den Leser verwirren.

Schreibe eine Fantasiegeschichte nach deinen eigenen Vorstellungen. Zeige, was dein Held kann und was er erlebt, erleidet und fühlt. Erzähle, wie er seine Herausforderung meistert. Vielleicht kennt er Angst und Verzweiflung, Mut, Demut und Hoffnung. Zeige, wie es ist, wenn er wütend wird, sich freut, trauert, getröstet wird oder Abschied nimmt. Verwende aussagekräftige Adjektive (Eigenschaftswörter) und Verben (Tuwörter) und lasse deine Figuren auch direkt miteinander sprechen, indem du wörtliche Rede verwendest. Baue hin und wieder offene Fragen ein und mache den Leser neugierig auf die Antworten.

Märchen

Beim Märchen sollte man einige Grundregeln beachten. Die gesamte Ausstattung von Märchen zeigt, dass es sich um Geschichten handelt, die in Wirklichkeit so nicht passiert sind. Sie gehören meist zum erfundenen Geschichtenschatz einer Kultur, der von Sammlern zusammengetragen und aufgeschrieben wurde. Früher erzählten sich die Menschen gerne abends Märchen, wenn sie nach der harten Arbeit in der Stube saßen. Fernsehen und Radio gab es noch nicht, und die meisten konnten selbst nicht lesen und schreiben. Das Erzählen von Märchen diente der Unterhaltung, sollte belehren und auch zum Nachdenken anregen.

Ein Märchen beginnt und endet oft, aber nicht immer, mit einer Erzählfloskel, zum Beispiel „Es war einmal …" und „… wenn er nicht gestorben ist, dann lebt er noch heute". Es wird immer in der Vergangenheitsform erzählt, weil es sich um symbolische Geschichten handelt, deren Botschaft von Generation zu Generation weitergegeben worden ist.

Deshalb fehlen auch genaue Orts- oder Zeitangaben. Es heißt dann „vor hundert Jahren". „vor langer Zeit" oder „an einem fernen Ort". Die Begebenheiten folgen meist nicht den Naturgesetzen und entsprechen weder dem normalen Alltagswissen noch der Wirklichkeit.

Die Märchenfiguren sind Figuren, die man auch Archetypen nennt: König und Königin, Prinz und Prinzessin, der Bettler, gute und böse Feen, Hexen, Zauberer, Zwerge, Stieftöchter und Stiefmütter usw.

Die Helden der Geschichte sind oft junge Burschen oder Mädchen. Sie sind meist sehr arm, sehr klein oder einsam und allein unterwegs, fernab von der Gemeinschaft und Familie. Sie müssen sich ganz alleine den großen Herausforderungen stellen und auf ihrem Weg bestimmte Prüfungen bestehen, um zu reifen. Dabei begegnen sie Widersachern, die versuchen, ihnen zu schaden, und Helfern, die sie oft unerwartet unterstützen. Im Märchen hat alles eine klare Schwarz-Weiß-Ordnung: Entweder ist jemand gut oder böse, schön oder hässlich, tapfer oder feige, dumm oder schlau.

Märchen sind voller Magie und Gegenständen mit Zauberkraft: Es gibt goldene Kugeln, verzauberte Prinzen, einen gläsernen Sarg und magische Zahlen, wie die drei und die sieben.

Am Ende eines Märchens wird alles gut und es geschieht das, was sich Erzähler und Zuhörer wünschen: Der Böse wird bestraft, der Gute belohnt, der Einsame findet einen Freund, der Arme wird reich, der Geizige freigiebig und der Verzauberte ist erlöst. Im Unterschied zur Wirklichkeit herrscht im Märchen eine ausgleichende Gerechtigkeit und der Sieg über das Böse ist sicher.

Schreibe ein modernes Märchen nach den Regeln der Kunst.

Sage

Sagen sind meist kurze Erzählungen, die sich Menschen schon seit vielen hundert Jahren erzählen. Im Laufe der Jahre wird beim Weitererzählen auch oft dazu fantasiert, etwas geändert oder weggelassen. Eine Sage spielt in einer früheren Zeit und – anders als das Märchen – an einem genau lokalisierbaren Ort, den du heute noch erkennen und aufsuchen kannst. Es gibt eine Hauptfigur, der viele außergewöhnliche Dinge widerfahren ist, die sie selbst nicht beeinflussen kann. Dahinter stecken geheime und dunkle Mächte. Mitunter wird auch von gewaltigen Naturereignissen erzählt. Trotz dieser unheimlichen Dinge, hat die Sage immer einen klaren Bezug zur Wirklichkeit. Die Sage spielt an einem ganz bestimmten Ort und basiert auf Ereignissen, die vor vielen Jahren tatsächlich so oder so ähnlich passiert sind. Am Ort des Geschehens findet man bis heute Hinweise auf das, was geschehen ist.

Bekannte Sagen sind:
König Watzmann, Der Binger Mäuseturm, Der Hirte auf dem Kyffhäuser, Rübezahl, Die drei Bergleute im Kuttenberg, Der Rattenfänger von Hameln, Die Teufelssteine, Walpurgisnacht auf dem Blocksberg, Die erste Kohlenzeche

an der Ruhr, Die Heinzelmännchen von Köln, Der Schatz von Blankenstein, Der Spökenkieker, Die Frauenhöhle bei Egloffstein, Die steinerne Jungfrau, Die treuen Weiber von Weinberg, Der Nürnberger Trichter, Die tapferen Frauen von Dorsten, Der silberne Hahn, Sibylle auf der Teck.

Beschäftige dich mit den Sagen deiner Stadt. Wenn es noch keine Sammlung gibt, kannst du einige aus deiner Region zusammenstellen und vielleicht sogar ein Sagen-Buch herausgeben.

Schreibe zu einem Ort, den du kennst, selbst eine Sage. Erfinde eine geheimnisvolle Geschichte, die sich auf tatsächliche Ereignisse oder eine Stelle bezieht.

Legende

Die Bezeichnung „Legende" stammt aus dem frühen Mittelalter, der Zeit der Heiligenverehrungen. Am Jahrestag eines Heiligen war es Brauch, in Kirchen und Klöstern aus dessen Leben zu erzählen. Dabei ging es nicht so sehr darum, die Wirklichkeit zu schildern, sondern den vorbildlichen und gottgefälligen Lebenswandel herauszustellen, in dem sich etwas Wunderbares ereignet hatte. Auch die Leiden, die dem Heiligen im Zuge der Christenverfolgung zugefügt wurden, sind Teil der Legende.

Mit der Reformation und der Kritik Martin Luthers an der Heiligenverehrung verloren die christlichen Legenden an Bedeutung. Später tauchten Legenden im außerkirchlichen Bereich wieder auf. Man erzählte sich auf volkstümliche Weise unglaubliche Geschehnisse und unwahrscheinliche Begebenheiten. In dieser weltlichen Form wurden Legenden auch zu Erzählungen über außergewöhnliche Schicksale bestimmter Menschen. Heute gebrauchen wir das Wort Legende, wenn wir vom Leben einer außergewöhnlichen Person unserer Zeit sprechen. Ein Fußballspieler wird zum Beispiel zur Fußballlegende.

Erzähle eine neue Legende. Über wen möchtest du schreiben? Frage dich:

▷ Wie soll die Legende beginnen?

▷ Was ist das Besondere an der Hauptperson?

▷ Ist sie ein Christ?

▷ Woran erkennt man ihren besonderen ethischen Charakter?

▷ Warum ist die Person vorbildlich?

▷ Womit hilft sie den Menschen?

▷ Wer kämpft gegen sie und mit welchen Mitteln?

▷ Wird sie ausgelacht, bestraft oder gedemütigt?

▷ Was ist das Wunderbare deiner Legende?

▷ Wie endet der Text?

Wähle deinen persönlichen Schreib- und Erzählstil.

Fabel

Eine Fabel ist eine kurze moralisierende Geschichte, in der Tiere wie Menschen sprechen und handeln. Der Begriff Fabel geht auf das lateinische Wort „Fabula" zurück, was so viel heißt wie Erzählung oder Gespräch. Die Fabeltiere haben menschliche Eigenschaften, die ein wenig überzeichnet sein können. Sie zeigen typische menschliche Eigenarten und Verhaltensweisen, wodurch die Fabel wie ein lehrreicher Spiegel wirkt. Manche Tiere kommen in Fabeln besonders häufig vor: Löwe, Fuchs, Wolf, Esel, Hase oder Rabe, Maus, Frosch, Igel, Ochse oder Schlange. Manche Tiere tragen typische Fabelnamen. Das Kaninchen heißt Äugler, der Biber Bokert, der Bär Braun, der Fuchs Reineke, der Wolf Isegrim, der Hase Lampe, die Krähe Merkenau und der Rabe Pflückebeutel. Die Fabelfiguren sind meist klar und einfach charakterisiert und symbolisieren hervorstechende Eigenschaften, Fähigkeiten und Schwächen der Menschen. Die Botschaft ist offensichtlich: Der Einfältige wird überlistet, der Eitle entlarvt, der Schwache rettet den Überheblichen und meist siegt nicht der Starke, sondern der Weise, der überlegt und klug handelt.

Der Aufbau einer Fabel besteht aus einem Anfang, Hauptteil und Schluss. Der Stil ist meist ironisch, kritisch, witzigsatirisch oder moralisch-belehrend. Es geht in der Fabel darum, eine allgemein anerkannte Wahrheit, einen moralischen Lehrsatz oder eine praktische Lebensweisheit anhand von typischen Verhaltensweisen und Begebenheiten zu verdeutlichen. Die Fabeldichtung hatte ihre Blüte in der lateinischen Klosterliteratur des Mittelalters. In Predigten und Beispielsammlungen tauchten häufig Fabeln auf, da sie sich zur Belehrung der Menschen besonders eigneten.

Schreibe eine moderne Fabel. Suche Tiere, die eine bestimmte Charaktereigenschaft repräsentieren und erfinde eine lehrreiche Geschichte, in der sich die Tiere wie Menschen verhalten und miteinander reden.

Schwank

Wir Menschen haben Sehnsucht nach Wahrhaftigkeit, um uns sicher zu fühlen, denn Lügen haben in einer Beziehung großes Zerstörungspotential. Aber es gibt auch viele Erzählungen von Menschen, in denen deutlich wird, dass das Verschweigen der Wahrheit oder das Erfinden von Geschichten ihr Leben gerettet hat. Schon in der Bibel wird von Abraham erzählt, der seine Frau Sara als seine Schwester ausgegeben hat, um sein eigenes Leben zu retten. In Politik und Wirtschaft geht es heute darum, positive Geschichten zu erzählen, um Aufmerksamkeit und Empathie zu erreichen. Lügengeschichten haben schon immer eine Faszination auf die Zuhörer ausgeübt. Die Menschen haben den Erzählungen gern gelauscht, obwohl sie wussten, dass sie übertrieben sind oder gar nicht stimmen können. Bereits in der antiken und orientalischen Literatur sind sie verbreitet gewesen. Seit ungefähr eintausend Jahren gibt es sie in unserem Kulturraum. Wir bezeichnen eine Lügengeschichte auch als Schwank.

Der Schwank ist eine scherzhafte Erzählung mit einer komischen Begebenheit aus dem alltäglichen Leben. Die Komik ergibt sich häufig aus der Situation und hat nur selten einen intellektuellen Hintergrund. Im Schwank geht es um Spott und Hohn, List und Tücke, Prahlerei, Dummheit und Lügen. Die Handlung hat immer ein ähnliches Schema. Es treffen meist Typen aufeinander, von denen der eine dem anderen nur scheinbar überlegen ist. Oft wird ein Einfältiger betrogen oder es werden die Rollen getauscht und am Ende betrügt der zuerst Betrogene den Betrüger. In einfachem und geradlinigem Erzählstil steuert der Schwank straff auf die Zuspitzung des Geschehens zu, um dann mit einer überraschenden und erheiternden Schlusspointe zu enden. Seit dem 13. Jahrhundert hat man sie gerne in Unterricht und Predigt verwendet. Bekannt sind vor allem der scherzhafte Till Eulenspiegel (seit 1515), der Lügenbaron Münchhausen und die einfältigen Schildbürger aus Schilda (seit 1597).

Schreibe einen Schwank und beachte dabei die einfache Struktur, die straffe Erzählweise und die thematischen Vorgaben. Löse die komische Begebenheit mit einer Pointe auf.

Witz

Der Witz ist eine kurze Erzählung. Während des Erzählens wird bewusst Spannung erzeugt, die sich am Schluss durch plötzliches Umschlagen in eine unvermutete Richtung entlädt. Der Witz lebt durch den überraschend-witzigen Schlusseffekt. Dieser Effekt beruht darauf, dass die Erwartung des Hörers bewusst in eine falsche Richtung gelenkt wird, um dann in einer unerwarteten Auflösung zu enden. Ein häufig verwendetes Stilmittel ist die Doppeldeutigkeit von Wortspielen.

Sicher hast du einen Lieblingswitz. Schreibe ihn auf. Finde passende Worte, um den Witz deutlich herauszuarbeiten. Lies dir deinen Text immer wieder durch, bis du mit den Formulierungen zufrieden bist. Achte vor allem auf das richtige Timing der Pointe.

Roman

Vielleicht liest du gerne Romane und hast dabei schon manches Mal gedacht, dass es dich reizen würde, selbst einmal einen zu schreiben. Warum nicht? Stecke nicht den Kopf in den Sand. Wenn du tatsächlich Lust dazu hast und die Energie aufbringen möchtest, dann kann es dir auch als Schreibanfänger gelingen. Für einen Roman benötigst du allerdings viel Zeit und Ausdauer, vielleicht sogar über mehrere Jahre. Nimm zunächst einen deiner Lieblingsromane zur Hand und beantworte dir schriftlich folgende Fragen:

▷ Was fasziniert mich an der Hauptfigur?
▷ Warum fesselt mich die Handlung so, dass ich den Roman nicht aus der Hand legen möchte?
▷ Welche sind die besonders spannenden Momente?
▷ Wie beschreibt der Autor diese Situationen?
▷ Was gefällt mir noch besonders gut und warum?

Du kannst für einen Roman auf Geschichten zurückgreifen, die du bereits aus deinem Leben oder aus dem Leben anderer kennst oder die dir auf der Seele brennen. Vielleicht gibt es etwas, was in der Familie schon oft erzählt worden ist, zum Beispiel die Flucht der Großeltern, die Liebesgeschichte der Eltern, ein unvergessliches Urlaubserlebnis, eine tragisch gescheiterte Ehe, eine problematische Begegnung oder der Verlust eines Menschen und wie du damit umgegangen bist. Du darfst bei einem Roman erfinderisch sein und deine Fantasie nutzen, um Geschehnisse lebendiger und spannender zu machen. Wähle möglichst ein Thema, bei dem du dich gut auskennst, vielleicht etwas mehr als die meisten anderen. Das gibt dir Sicherheit. Alle Informationen, die dir fehlen, musst du gut recherchieren.

Schreibe zuerst die Namen der wichtigsten Personen, die in deinem Roman vorkommen sollen, auf Karteikarten und notiere dazu alle wichtigen Informationen zu deren Aussehen, Charakter, Besonderheiten und überlege, in welchem Verhältnis sie zu den anderen Figuren stehen. Fragen dich bei jeder Person:

▷ Welcher Name passt gut?
▷ Was kennzeichnet sie und welchen Charakter hat sie?
▷ Wie sieht sie aus?
▷ Hat sie ein Geheimnis?
▷ Wo hält sie sich auf?
▷ Was erlebt sie?
▷ Welcher Konflikt droht ihr?
▷ Warum ist sie in diese schwierige Situation gekommen und wie kommt sie wieder heraus?

Die Personen werden lebendig und einzigartig, indem du folgendes sichtbar und erlebbar machst: Körperbau, Kleidung, Gesicht und Haare, Stimme und Sprache, eine charakteristische Einstellung, wie z.B. Ehrgefühl, eine Lebenseinstellung, wie Optimismus oder Pessimismus, Charakterzüge wie Willensstärke oder –schwäche, die gesellschaftliche Stellung und Tätigkeit, z.B. Beruf oder

Funktionen. Versetze dich in deine selbst geschaffenen Figuren hinein und versuche, ihre Gefühle und Gedanken zu transportieren.

Diese Aspekte verkörpern und verdichten individuelle menschliche Wesenszüge, ohne die die Figuren nur schemenhaft und blutleer bleiben würden. Durch die Charakterisierung hauchst du ihnen Leben ein. Bedenke, dass auch Romanhelden immer eine Sonnenseite und eine Schattenseite haben. Zu glatte Personen werden sehr schnell uninteressant.

Lass bei der Gestaltung deiner Fantasie genug Raum. Neue Figuren entstehen zum Beispiel, wenn du Eigenschaften mehrerer Menschen, die du kennst vermischt. Wichtig ist, dass du dem Leser die Möglichkeit gibst, mit deinen Figuren mitzugehen, mitzufühlen und an ihren Gedanken teilzuhaben. So ziehst du ihn in deine Geschichte hinein. Geschieht einer sympathischen Person ein Unrecht, dann reagiert der Leser vielleicht wütend. Genauso wird er aufatmen, wenn sie mutig ist und sich behauptet.

Durch Intrigen und Konflikte mit ungewissem Ausgang entsteht Spannung, und der Leser will unbedingt wissen, wie die Sache ausgeht. Solange wichtige Fragen noch offen sind, kannst du das Interesse des Lesers aufrechterhalten. Wechsle in deiner Geschichte zwischen Anspannung und Entspannung, zwischen Angst und Mut, Freude und Trauer, Verzweiflung und Hoffnung, Niedergeschlagenheit und Zuversicht. Wenn du all deine Energie und Leidenschaft in deinen Roman, in die Figuren und in die Handlung einfließen lässt, wirst du auch beim Leser ein Feuer entfachen und schüren, das bis zum letzten Wort weiterlodert.

Starte zu Anfang mit einem Ereignis, das Fragen aufwirft und für die Hauptperson zur Herausforderung wird. Entwickle daraus eine spannende Story. Versuche, die Grundzüge der Handlung in wenigen Sätzen zusammenzufassen. Hier ein paar Beispiele dafür, wie ein Roman beginnen könnte:

Beispiel 1:

Die Hauptperson entdeckt beim Ausräumen der großelterlichen Wohnung alte Dokumente und Fotos, die darauf schließen lassen, dass Ihre Urgroßeltern und mehrere ihrer Kinder im Konzentrationslager umgekommen sind. Aber wie hat ihr Großvater das überlebt? ...

Beispiel 2:

Die Hauptperson findet in der Wohnung der Mutter, die gerade ein Pflegefall geworden ist, den Liebesbrief eines Unbekannten ...

Beispiel 4:

Die Hauptperson erfährt durch Zufall bei einem Gespräch mit einem neuen Kollegen, dass ihre Mutter in jungen Jahren die Verlobte seines Vaters gewesen ist ...

Beispiel 5:

Die Hauptperson steigt aus der Firma und dem Luxusleben aus, ohne zu wissen, wohin die Reise gehen soll. Dann begegnet sie einer seltsamen Person, die alles auf den Kopf zu stellen scheint ...

Beispiel 8:

Die Hauptperson ist von Selbstzweifeln und Selbsthass zerrissen und bricht eines Tages völlig zusammen. Sie beschließt, für ein Jahr auf eine Insel zu fliehen, um dort die eigenen Widerstandskräfte zu aktivieren und sich selbst lieben zu lernen ...

Beispiel 9:

Die Hauptperson lebt zufrieden in einem kleinen Dorf, verdient mit ihren Schafen Geld, das zum Leben reicht. Ein wohlhabender, ehrgeiziger und verbissener Mensch strandet vor ihren Augen durch eine Autopanne ...

Beispiel 10:

Die Hauptperson ist in einem behüteten, konservativen Elternhaus aufgewachsen. Sie erwartet von einem flüchtigen Freund ein Kind und beschließt, ihn zu heiraten, obwohl sie ihn kaum kennt ....

Beispiel 11:

Die Hauptperson hat schon immer den Traum gehabt, die Alpen zu Fuß zu überqueren. Da liest sie in der Zeitung, dass eine Gruppe eine solche Wanderung plant. Seltsam ist nur der Name der Gruppe ...

Beispiel 12:

Die Hauptperson wird durch ein Klassentreffen an ihre Jugendsünden erinnert, die sie längst verdrängt hat. War sie wirklich so egoistisch und rassistisch, wie alle sagen? Nur einer steht schweigend daneben und sagt kein Wort ...

Beispiel 13:

Die Hauptperson hat sich von ihrem Freund, einem Computer-Fachmann, getrennt. Obwohl er im Ausland ist, bekommt sie von ihm E-Mails, in denen er sich zu ihrer aktuellen Kleidung und Frisur äußert. Woher hat er all diese detaillierten Informationen? ...

Überlege dir den groben Handlungsverlauf und entwerfe einen Plot, mit Anfang, Hauptteil und Schluss. Der Mittelteil kann in weitere Abschnitte untergliedert werden. Ein Beispiel:

Anfang:

Zwei Menschen werden durch außerordentliche Hindernisse, für die sie nicht verantwortlich sind, getrennt oder auseinandergehalten.

▷ Der Leser hofft, dass sie irgendwann zueinander finden werden.

Mitte/Aufbruch:

Einer von beiden hat einen Plan und bricht auf, um den anderen zu suchen. Er stößt auf unerwartet große Widerstände. Wer steckt dahinter?

▷ Der Leser lässt sich in die Handlung hineinziehen.

Mitte/Ermittlung:

Durch mysteriöse Umstände erfährt er von Ereignissen aus der Vergangenheit, von denen er nichts wusste und die alles ändern.

▷ Der Leser ist neugierig auf das vergangene Geschehen und versteht nach und nach die Hintergründe für die Trennung der Handlungsfiguren.

Mitte/Suche:

Die beiden ahnen, dass der andere noch lebt, werden aber abgelenkt, auf eine andere Spur gebracht oder von unbekannten Gegnern verfolgt. Werden sie noch zueinander finden?

▷ Der Leser ist gefesselt von der Handlung und hofft auf einen guten Ausgang.

Mitte/Erkenntnis/Höhepunkt:

Einer der beiden kann einen Teil der Verwirrungen klären und lüftet damit ein altes Geheimnis. Ein Zufall führt die beiden unerwartet zusammen. Erkennen sie sich noch nach der langen Zeit?

▷ Der Leser nimmt an den Gedanken und Gefühlen der Handlungsfiguren teil. Er leidet, trauert, hofft und freut sich mit ihnen.

Ende:

Die beiden treffen aufeinander und müssen noch einen letzten Stein aus dem Weg räumen, bevor sie sich mit der Vergangenheit und ihrer Geschichte versöhnen können.

▷ Der Leser nimmt am Schicksal der Handlungsfiguren teil, atmet erleichtert auf und sieht seine Erwartungen erfüllt.

Fülle die einzelnen Stationen deines Romans detaillierter aus und halte fest, wann wo was passiert. Beschreibe das Umfeld, die Natur, die Gebäude, die Jahreszeit, das Wetter und alles, was für das Geschehen von Bedeutung ist. Damit hast du den äußeren Handlungsrahmen grob skizziert.

Befasse dich nun mit der inneren Handlung, dem Fühlen, Denken und Erleben deiner Figuren. Was riechen, schmecken, sehen sie und wie sieht es in ihrem Inneren aus? Denke auch an Mimik, Gestik und Körperhaltung. Hauche deinen Figuren Leben ein.

Der Leser soll ein Bild von ihnen bekommen und in ihr Herz schauen können.

Teile dein Vorhaben in einzelne Kapitel ein und finde aussagekräftige Arbeitstitel, damit du immer weißt, wo du dich in der Handlungsabfolge befindest. Jedes Kapitel braucht einen eigenen Spannungsbogen. Es sollte aber auch mit einer offenen und brennenden Frage für den Leser enden, damit er sofort weiterlesen möchte (sogenannte „Cliffhanger"). Gleichzeitig sollte die Spannung aber auch im Ganzen steigen und erst kurz vor Schluss ihren Höhepunkt erreichen. Hier einige Beispiele, wie ein Kapitel abgeschlossen werden kann:

Beispiel 1:

Als sie sich entspannt zurücklehnte, ahnte sie noch nicht, dass der nächste Tag turbulent werden würde.

Beispiel 2:

Sie glaubte, nun endlich Frieden in die Familie gebracht zu haben, doch sie unterschätzte den Cousin, der von seiner eigenen Großartigkeit überzeugt war und nur Hass und Chaos verbreitete.

Beispiel 3:

Während sie gedankenverloren in ihrem Sessel saß und den Tag ausklingen ließ, hatte ihr Mann bereits alle Vorsätze über Bord geworfen.

Je besser du vorbereitet bist, desto einfacher wird es, den Roman in allen seinen Einzelheiten aufzuschreiben. Entdecke deine Leidenschaft für das Schreiben. Finde heraus, wofür du brennst, und versuche, das aufs Papier zu bringen. Leser lassen sich gerne von neuen Themen begeistern. Mache sie auf deine Geschichte neugierig und verführe sie zum Lesen. Denke daran, dass dein Roman auch deine Weltanschauung und deine Haltung zu den großen Themen der Welt deutlich macht.

Oft entscheiden die ersten Sätze darüber, ob der Leser Feuer fängt. Beginne deshalb mitten im Leben deiner Handlungsfigur, am besten mit einem dramatischen Ereignis, das sofort Neugier und Mitgefühl weckt. Es kann etwas sein, das im späteren Verlauf noch eine Rolle spielt, zum Beispiel eine zentrale Erinnerung oder ein folgenschwerer Bruch, ein Abschied oder Neuanfang. Hier findest du zwei mögliche Romananfänge als einleitende Kapitel:

Beispiel 1:

Ein schwarzes Auto hielt vor dem Schuleingang.

Robert stand an der Seite seines Lehrers und sah, wie zwei Fremde aus dem Auto stiegen und auf sie zugingen. „Wollen die zu uns?"

Aber der Lehrer antwortete dem Jungen nicht.

Die beiden Männer ergriffen Roberts Hand und zerrten ihn zum Auto.

„Was wollen Sie von mir?", fragte Robert verzweifelt.

Aber die Fremden sagten nichts. Sie drückten ihn nur wortlos auf den Rücksitz.

Dort saß mit verweintem Gesicht seine kleine Schwester Anne. Sie wirkte völlig eingeschüchtert und schluchzte immer wieder laut auf.

Eigentlich hätte Robert sie nach der Schule aus dem Hort abholen und mit ihr nach Hause gehen sollen, denn seine Eltern waren noch auf der Arbeit. Er nahm Anne in seine Arme, drückte sie fest an sich, streichelte ihr über das Haar und sagte immer wieder leise: „Alles wird gut. Ich bin ja bei dir."

Wer sind diese unfreundlichen Menschen, und wohin werden sie gebracht? Robert verstand nicht, was vor sich ging. Aber er ahnte, dass seinen Eltern etwas passiert sein musste. Sie hatten einmal davon gesprochen, dass sie sehr vorsichtig sein müssen. Aber warum, das wusste er nicht. Es muss irgendetwas passiert sein. Robert nahm sich ein Herz und fragte wieder: „Wo sind unsere Eltern?"

Endlich begann einer der beiden Männer zu reden. Seine Stimme klang eiskalt. „Eure Eltern haben unseren Staat verraten. Ihr kommt jetzt in eine bessere Familie, wo ihr gut erzogen werdet, nach sozialistischen Grundsätzen." Die letzten drei Wörter betonte er besonders.

„Wir möchten aber zu unseren Eltern."

„Sei jetzt still."

„Wir wollen nicht in eine andere Familie." Robert versuchte, mit fester Stimme zu sprechen, aber er zitterte vor Angst.

Der kleinere Mann fuhr ihm über den Mund. „Du hast hier keine Ansprüche zu stellen. Eure Eltern haben euch verwahrlosen lassen. Sei froh, wenn euch überhaupt eine Familie aufnehmen will."

Robert kniff die Lippen zusammen und ballte die Fäuste. Am liebsten wäre er aus dem fahrenden Auto gesprungen. Doch da war ja noch Anne. Er konnte sie nicht allein zurücklassen.

Beispiel 2:

„Mir ist heute nicht gut." Gustav sah seine Frau nur flüchtig an und versuchte zu lächeln. Noch bevor sie etwas sagen konnte, drehte er sich um und verabschiedete sich. „Ich lege mich hin und kuriere mich aus."

Maria dachte an die schwere Bronchitis, die ihr Mann erst neulich überstanden hatte. Als sie ihm kurze Zeit später eine Tasse Kräutertee ans Bett stellte, erschrak sie. Sein Gesicht war kreidebleich und er schwitzte am ganzen Körper. „Gustav, ich hole sofort Hilfe."

„Lass nur, Maria. Es wird schon werden. Ich muss nur einmal gründlich ausschlafen."

„Es kann auf keinen Fall schaden, wenn dich ein Medicus untersucht."

Der herbeigerufene Arzt diagnostizierte Nervenfieber. Er verschrieb ihm ein Mittel, das Maria gleich von der Apotheke holte und ihrem Mann verabreichte.

In den nächsten Tagen verschlechterte sich Gustavs Zustand, und Maria sorgte sich sehr. Fast den ganzen Tag saß sie nun an seinem Bett, wechselte von Zeit zu Zeit die Wadenwickel, um das Fieber zu senken.

Der nächste Tag verging, ohne dass sich sein Zustand verbessert hätte.

Am nächsten Abend saß sie wieder an seinem Krankenbett und streichelte ihrem Mann stumm das Gesicht.

Schwer atmend und mit geschlossenen Augen lag er da.

Maria waren vor Erschöpfung die Augen zugefallen, als Gustav auf einmal eine starke Unruhe überkam. Sie schreckte hoch. Wie lange habe ich hier schon gesessen, fragte sie sich irritiert. Sie ergriff seine Hand und strich ihm über das verschwitzte Haar.

Aber er stöhnte nur laut, öffnete die Augen und bäumte sich ruckartig auf. Dann fiel er zurück ins Kissen.

Maria sah auf seinen Brustkorb und fühlte den Puls. Doch nichts bewegte sich. Ihr Schrei hallte durch das ganze Haus.

Die Dialoge sollten wirkungsvoll und real sein. Wenn nur zwei Personen miteinander reden, brauchst du nicht jedes Mal Begleitsätze, wie z. B. sagte er, fragte sie, rief er, flüsterte sie, schrie sie, polterte er los, dazuzuschreiben. Wenn aber mehrere Personen miteinander reden, sollte erkennbar sein, wer gerade spricht und welche Meinung er vertritt. Beginne bei jedem neuen Sprecher auch eine neue Zeile. Zwischen der wörtlichen Rede solltest du zeigen, was die handelnden Personen fühlen oder denken. Verwende dafür aussagekräftige Adjektive, klingende und starke Verben, eine bildhafte Sprache und auch indirekte Rede.

Beschreibe, wie sich die Personen geben, wenn sie charmant, sensibel, lebenserfahren, humorvoll und feinfühlig sind. Erwecke sie zum Leben, indem du sie auf eine bestimmte Art handeln und sprechen lässt. Lass deine Figuren zwischendurch auch innehalten, als würden sie von einem Aussichtsturm auf die Geschehnisse herunterblicken und noch einmal nachdenken, um vielleicht wieder neue Kraft zu schöpfen oder um eine Entscheidung zu treffen. Der Leser kann in ihr Inneres blicken und miterleben, was in ihnen vorgeht und wie sie über das Geschehen denken.

Stelle dir die sinnlichen Eindrücke vor und beschreibe die Brandung des Meeres und den Geschmack auf den Lippen, den Geruch in der Wohnung, den Duft und den Geschmack des Essens. Mache die Dinge nachvollziehbar, indem du sie für den Leser sichtbar, hörbar und tastbar machst. Er soll mit allen Sinnen dem Leben der Handlungsfiguren nachspüren können und das Gefühl bekommen, unmittelbar dabei zu sein und teilzuhaben.

Beschreibe auch die Zeit und den Ort der Handlung, lass den Blick des Lesers in die Umgebung schweifen. Falls du den Ort noch nicht kennst, besuche ihn und halte dich vielleicht sogar einige Tage dort auf. Das alles gehört nicht nur zu einer guten Recherche sondern ermöglicht dir auch viele Eindrücke, die du für deinen Roman verwenden kannst. Achte bei einem historischen Roman auch darauf, dass der Leser eine Vorstellung von der Zeit hat, flechte griffige Informationen ein, die das Leben in dieser Zeit veranschaulichen.

Wichtig ist die Entscheidung darüber, in welcher Zeitform du erzählen möchtest. Das ist die Erzählzeit, die in der Gegenwartsform, dem Präsens (Er geht eilig die Straße entlang), das

Geschehen direkt erlebbar macht. Erzählst du in der Vergangenheitsform, dem Präteritum (Er ging eilig die Straße entlang), ermöglicht das dir und deinem Leser eine gewisse Distanz. Teste an einem Abschnitt aus, welche Erzählzeit für deinen Roman besser passt.

Hast du dich für eine dieser Varianten entschieden, dann solltest du sie den ganzen Roman über beibehalten. Wenn es dann innerhalb deiner Erzählzeit zu Rück– oder Vorschauen kommt, muss das auch im Verhältnis zur Erzählzeit vorher oder nachher sein.

Romane sind, wie Kurzgeschichten, Märchen oder Legenden, normalerweise fiktional, also erfunden. Nicht nur durch ihre Länge stellen sie etwas Besonderes dar, sondern auch in ihrer inneren Struktur. Romane sind vielschichtiger als die kurzen Erzählungen. Personen und Orte werden ausführlich dargestellt und beschrieben, und auch die Handlung verläuft in mehreren Handlungssträngen. Die einzelnen Szenen werden durch Dialoge und Einblicke in das Innere der Figuren tiefer. Das, was erzählt wird, ist die erzählte Zeit. Sie darf sich dehnen und dauert beim Lesen manchmal länger als das, was passiert.

Romane werden meistens aus der Perspektive eines Einzelnen erzählt. Auch wenn sie häufig auf gesellschaftliche oder politische Geschehnisse Bezug nehmen, sind Roman keine Sachtexte. Selbst historische Romane haben einen künstlerisch-fiktionalen Teil. Im Gegensatz zu den meisten Sachtexten greifen Romane Stoffe auf, die sich im Leben eines Menschen ereignen und gestalten diese aus seiner subjektiven Sicht. Neben historischen Romanen sind auch Liebes- und Kriminalromane sehr beliebt, die den Leser in eine bestimmte Zeit, Gesellschaft oder Gegend führen.

Wenn du einen Roman schreiben möchtest, wähle am besten Orte und Zeiten, die dich selbst interessieren und faszinieren.

Erzähle von Menschen, die nach Werten leben, die du selbst auch vertrittst. Zeige, was sie erleben, mit welchen Herausforderungen sie kämpfen, welche Freunde und welche Neider sie haben, wie sie ihr Schicksal meistern und was sie so besonders macht.

Denke beim Schreiben an deine möglichen Leser, ihre Neugier und ihr Bedürfnis nach Unterhaltung und Qualität. Stelle sie dir vor, sei ihnen dankbar für die Zeit, die sie sich nehmen und verschaffe ihnen ein paar schöne Stunden mit deinem Roman. Trau deinen Lesern etwas zu. Du musst nicht alles erklären und sie durch Fakten langweilen, die sie sich selbst denken können. Manchmal hilft es, ausführliche Hintergrundinformationen und weiteres Material in einen Anhang zu verlegen. Der Interessierte findet dort, was er noch braucht. Verwende möglichst nur solche Fremdwörter, die zum allgemeinen Sprachschatz gehören.

In dem langen Prozess des Romanschreibens schadet es nicht, Pausen zu machen und vielleicht selbst wieder zum Leser zu werden. Hol dir in deinen Lieblingsbüchern Anregungen zum Schreiben. Versuche, Antworten auf die Fragen zu finden:

▷ Wie schaffen es andere Autoren, in einer Unterhaltung die Sprecher auseinanderzuhalten?
▷ Welche Sätze schreiben andere, um in den Roman einzuführen?
▷ Welche Landschaftsbeschreibungen gefallen mir gut?
▷ Von welchem Sprachstil kann ich lernen?

Entwickle aus diesen vielen unterschiedlichen sprachlichen Mitteln deinen eigenen Stil und drücke dich so aus, dass ein Leser nachspüren kann, was du darstellen möchtest.

Über das eigene Schreiben nachdenken

Wenn du mit Hilfe der Übungen, Tipps und den Beispielen ins Schreiben gefunden und deine Erfahrungen gesammelt hast, solltest du dir Zeit nehmen, um über den Prozess und die Wirkung des Schreibens nachzudenken. Es ist ratsam, sich regelmäßig über das eigene Schreiben klar zu werden, um sich gezielt weiterentwickeln zu können. Diese Fragen können dir bei deiner Reflexion helfen:

Wer oder was animiert mich zu schreiben?
Worüber schreibe ich besonders gerne?
Wann und wo kann ich am besten schreiben?
Für wen schreibe ich am liebsten?
Was ist mir in meinen Texten besonders gut gelungen?
Konnte ich die Texte zu meiner Zufriedenheit überarbeiten?
Welche Hilfe nehme ich gerne an?
Wie fühle ich mich bei den einzelnen Phasen des Schreibens, von der Ideensammlung bis zur Fertigstellung?
Welchen Stellenwert hat das Schreiben für mich?
Welche Erfahrungen habe ich mit Lesern oder Zuhörern gemacht?
Was möchte ich noch ausprobieren?

Diese Selbstreflektion kannst du für dich alleine machen, sie ist aber mit Hilfe anderer, die dich und deine Texte von außen betrachten, oft ergiebiger. Viele Schreibgruppen bieten die Möglichkeit, sich miteinander über die Texte und über das Schreiben auszutauschen und konstruktive Vorschläge zur Überarbeitung zu sammeln. Nicht jede Anregung musst du als Autorin oder Autor aufgreifen, aber die Reaktionen deiner Mitstreiter zeigen dir vielleicht die Richtung, in die die Reise gehen kann. Prüfe die Verbesserungsvorschläge zunächst in Ruhe, bevor du sie leichtfertig verwirfst, bleibe flexibel und nimm Kritik dankbar entgegen, ohne dich gleich zu rechtfertigen.

Die wohlwollende und kritischen Ersthörer in der Gruppe können dir wertvolle Tipps für die Überarbeitung deiner Texte geben. Außerdem lernst du als Teil eines kritischen Publikums, deine Eindrücke der Werke von anderen sachlich und präzise zu formulieren, sodass auch eine Autorin oder ein Autor damit weiterarbeiten kann. Du schulst Auge und Ohr für sprachliche Feinheiten und das Handwerk des Schreibens.

 ## Tipp 1: Schreibend die eigene Persönlichkeit weiterentwickeln

Tagebuchschreiben, tägliche Notizen und Kreatives Schreiben wirken sich meist positiv auf unseren Seelenfrieden aus und verhelfen uns zu mehr Dankbarkeit und Liebe. Durch das Schreiben wachsen Empathie und Achtsamkeit. Beim Schreiben lassen sich auch Stress und Frust leichter abbauen. Viele fühlen sich, wenn sie über ihre eigenen Gefühle und Gedanken geschrieben haben, ruhiger und ausgeglichener. Aus meinen Erfahrungen kann ich sagen, dass negative Erlebnisse und Gefühle schreibend besser verarbeitet werden können und seelische Wunden schneller und dauerhafter heilen. Wir fördern im Schreibprozess zudem unser ordnendes Denken, gezieltes Lernen und Erinnern. Damit stärken wir schreibend auf unterschiedliche Weise unsere Persönlichkeit. Inzwischen wird Schreiben erfolgreich in therapeutischen Kontexten eingesetzt und gilt als gutes Mittel für die Heilung der Seele.

Tipp 2: Mit Texten etwas bewirken

Wir können mit unseren Texten bei uns selbst, aber auch bei anderen etwas bewirken, sei es, dass wir einen Austausch initiieren, Menschen aufrütteln, Sachverhalte ansprechen und klären, auf Vorbilder aufmerksam machen oder für Werte einstehen. Der kreative Akt des Schreibens verändert nicht nur uns selbst, sondern – wenn unsere Texte öffentlich werden – auch andere. Schreiben kann daher als gesellschaftliches, politisches und moralisches Handeln angesehen werden.

Tipp 3: Schreibend Kontakt aufnehmen

Du kannst deine Texte nutzen, um mit anderen in Kontakt zu kommen. Dabei sollte dein Anliegen im Text deutlich werden. Sachliche Anliegen sind zum Beispiel jemanden informieren, fragen, etwas berichten, beschreiben, begründen oder protokollieren. Manchmal geht es beim Schreiben auch darum, die eigene Meinung zu sagen, zu einer Aktion aufzurufen oder jemanden zu überreden. Texte können jedoch auch manipulativ wirken, indem Menschen diffamiert, ausgegrenzt oder bedroht werden.

Die klassische Kontaktaufnahme war lange Zeit der Brief in all seinen Formen, wie zum Beispiel Liebesbriefe, Leserbriefe, Beschwerdeschreiben, Bewerbungsanschreiben, Werbebriefe oder

Mahnungen. Früher pflegten manche auch Brieffreundschaften, bei denen die Verbindung ausschließlich oder überwiegend schriftlich stattfand. Auch ein Tagebuch, das wechselseitig von verschiedenen Personen geführt wird, kann zu einem geschriebenen Dialog werden. Durch die elektronischen Medien und die sozialen Netzwerke sind zahlreiche Formen des schriftlichen Gespräches hinzugekommen, wie E-Mail, posten, Blog, WhatsApp oder Newsletter. Diese in aller Kürze und Schnelligkeit verfassten Texte bewegen sich oft an der Oberfläche und sind sprachlich meistens unausgereift.

Versuche, auf welchem Weg auch immer du kommunizierst, gute und durchdachte Texte zu verfassen. Frage dich, was du bewirken möchtest und welche Sprache dafür angemessen ist. Achte bei deinen Texten auf einen guten Ton und den Respekt gegenüber anderen. Dann hast du gute Chancen, auch selbst respektvolle Antworten zu erhalten und fruchtbare Gespräche führen zu können.

Tipp 4: Sich schreibend engagieren

Schreibe über Eindrücke oder Erlebnisse, die dich begeistern oder für die du dankbar bist. Was davon ist vielleicht auch für andere interessant? Portraitiere Menschen, die dich auf besondere Art beeindrucken, wie Musiker, Maler, Schriftsteller, Politiker, Friedensaktivisten, Ärzte oder ehrenamtlich Tätige. Zeige, womit sie herausstechen und lass andere an deinen Gedanken teilhaben. Verstärke ihre positive Wirkung dadurch, dass du auf sie aufmerksam machst. Öffentliches Schreiben bedeutet, einen moralischen, sozialen oder politischen Standpunkt einzunehmen. Wenn du dich schriftlich engagierst, achte darauf, Teil der Lösung zu sein und nicht des Problems. Lasse dich nicht von beleidigenden und unsachlichen Äußerungen anderer zu negativem Denken verführen. Bleibe in deiner Reaktion positiv und souverän. Du musst nicht auf alles schriftlich reagieren.

Tipp 5: Sich selbst schreibend stärken

Versuche bewusst, für deine Gedanken und Gefühle passende Worte zu finden. Diese Übung ist nicht immer leicht, verhilft aber zu innerer Ordnung und strukturiertem Denken. Schreibe deine Erlebnisse auf und versuche, dich dabei an möglichst viele Details zu erinnern. Das fördert die Gedächtnisleistung. Mit Tagebuchaufzeichnungen kannst du Erfahrungen konservieren und beim späteren Lesen gedanklich in die Vergangenheit reisen. Je öfter und bewusster du über dich schreibst, desto besser lernst du dich kennen. Auf dem Papier kannst du etwas wagen, über dich hinauswachsen und sogar in der Fantasie Grenzen überschreiten. Versuche, auch andere für deine Text zu interessieren und mit ihnen ins Gespräch zu kommen. Schließe dich einer Schreibgruppe an und traue dich, öffentlich eigene Texte vorzulesen. Genieße den Applaus und die Anerkennung. Damit stärkst du deine Selbstachtung und dein Selbstvertrauen.

Du kannst auch die Erzählungen der alten Familienmitglieder aufschreiben. Besonders für Hochbetagte oder Sterbende kann es berührend und sinnstiftend sein, wenn eine vertraute Person ihre Berichte aufgeschrieben hat und die dramatischen oder schönen Erlebnisse vorliest.

Gabriele Reiß, Mitglied im Literarischen Arbeitskreis Dorsten und Autorin vieler Reiseerzählungen, hat sich mit ihrem fast einhundertjährigen Vater über mehrere Wochen einmal in der Woche ins Café Böhmer gesetzt und ihn dort mit gezielten Fragen nach seinen Erinnerungen befragt. Auch die Zeit des Krieges hat sie nicht ausgelassen. Zum ersten Mal hat ihr Vater ausführlich von seinen körperlichen und seelischen Wunden erzählt, die ihm in dieser Zeit zugefügt worden sind. Gabriele hat alles mitgeschrieben und seine Erzählungen mit allen Höhen und Tiefen chronologisch in einem Buch mit passenden Fotos dargestellt. Als sie ihm nach der Fertigstellung daraus vorgelesen hat, ist er zu Tränen gerührt gewesen.

Tipp 6: Schreibend heilen

Schreibe immer wieder auch nur für dich selbst und sammle private Texte. Niemand muss das lesen, außer dir selbst oder einer vertrauten Person. Die Momente des Schreibens gehören dir allein, ganz egal ob du drauflos schreibst, dein Inneres ordnest oder eine Geschichte entwirfst. Während des Schreibens kannst du die Welt draußen lassen und einfach in deiner Tätigkeit versinken.

Nur der Stift in deiner Hand hilft dir, schlechte Erfahrungen von der Seele zu schreiben. Indem du die negativen Gefühle auf das Papier bringst, fällt es dir leichter, Abstand zu bekommen. Dir wird bewusst, wie du dich in den einzelnen Situationen gefühlt hast. Du ordnest schreibend dein Leben neu, in dem du unangenehme Gedanken aus einer anderen Perspektive betrachtest, deine Erinnerungsfetzen sortierst und zu einer Geschichte zusammenbringst.

Wenn Gesprächspartner fehlen, kannst du dir mit Stift und Papier an einem gemütlichen Ort schreibend und lesend selbst zuhören. Schreibe ehrlich über deine Ängste und Wünsche und gib dir den Raum und die Zeit, dir das Negative von der Seele zu schreiben. Entwickle deine Gedanken weiter und nutze deine schöpferischen Kräfte für Heilungsprozesse und Entwicklungen.

Wenn dir passende Worte fehlen, beginne mit leichten und einfachen Notizen. Auch das steigert dein Wohlbefinden und hilft dir, deine Bedürfnisse, Gedanken, Gefühle oder Wünsche zu klären und dein Leben zu ordnen.

Tipp 7: Schreibend den Alltag bewältigen

Das alltägliche Leben ist oft unübersichtlich und überfordert uns manchmal. Viele Gedanken an Dinge, die zu tun sind oder die man sich merken möchte, kreisen in unserem Kopf und verstopfen unser Gehirn. Schreiben wirkt dabei wie ein Ventil, durch das die Gedanken entweichen und auf dem Papier sichtbar sortiert werden können. Eine einfache To-do-Liste hilft bereits, Aufgaben und deren zeitliche Rahmen festzuhalten. Entwickle nach und nach schriftliche Denk- und Merkhilfen, die für dich funktionieren. Halte auch Ergebnisse oder größere Überlegungen fest. Das Schreiben fördert nicht nur die Fähigkeit zu reflektieren, sondern führt auch oft zu neuen Erkenntnissen und Problemlösungen.

Solltest du ein schwieriges Gespräch oder Telefonat führen müssen, bereite dich schriftlich vor, indem du dir Notizen machst oder konkrete Fragen aufschreibst. Kurzprotokolle über Vereinbartes können hilfreich sein, die du später immer wieder nachlesen oder bei weiteren Gesprächen darauf Bezug nehmen kannst. Je regelmäßiger du deinen Alltag mit Notizen und festen Schreibeinheiten begleitest, desto hilfreicher wird dieses Instrument für dich.

Tipp 8: Schreibend gestalten

Beim Schreiben kannst du innere Bilder, Gedanken, Gefühle und Wünsche zum Ausdruck bringen. In eigenen Gedichten und Geschichten mit Fantasiewesen und Fantasiehandlungen kannst du die Lust am Gestalten ausleben und deiner Kreativität Raum geben. Du kommst dadurch auch in Kontakt mit Teilen deines Unbewussten und näherst dich deinem eigenen tiefen Wesen. Erlaube dir, mit Sprache zu spielen und mit Freude den eigenen Neigungen zu folgen. Vielleicht hast du Spaß daran, andere zu unterhalten oder sie zum Mitspielen anzuregen. Dann probiere es doch einmal mit Wortspielereien, wie Schnellsprechversen, (Schüttel)Reimen oder Rätseln.

Egal was es ist, erfreue dich an dem, was du schaffst. Sammle deine Texte, betrachte jedes einzelne Werk, das du in Händen hältst. Es ist deins. Wenn du zufrieden und dankbar bist, werden weitere Energien freigesetzt.

Tipp 9: Sich schreibend Dinge einprägen

Schreibe, was du dir merken möchtest, am besten mit der Hand auf. Die Schreibbewegung und der Einsatz des Körpers helfen dir, Dinge, Termine oder Namen leichter zu verinnerlichen. Zudem verstärken sich Lesen und Schreiben gegenseitig und steigern im Zusammenspiel die Gedächtnisleistung.

Häufiges Lesen führt auch beim Schreiben zu mehr Sicherheit in Rechtschreibung und Grammatik. Wer gerne und viel liest, der erweitert zudem seinen aktiven Wortschatz und verfügt über eine größere Bandbreite an Satzstrukturen und Textsorten.

Tipp 10: Schreibend die Handschrift pflegen

Wir verfassen inzwischen viele Texte am Computer. Das geht schneller als mit der Hand und die Dateien lassen sich leichter verändern, verschicken und speichern. Das Schreiben mit der Hand hat aber daneben eine sehr wichtige Funktion. Daher sollten wir die Handschrift unbedingt weiter pflegen. Im Schriftbild zeigen sich Teile unserer Persönlichkeit und umgekehrt: Wenn wir den schriftlichen Ausdruck mit der Hand verfeinern, verfeinern wir uns selbst, angefangen beim Schreibwerkzeug, der Handhaltung beim Schreiben, dem Griff und dem ausgeübten Druck bis hin zu Schreibfluss und Rhythmus. Erarbeite dir eine leicht fließende Handschrift, die deinem Schreibwillen und deiner Schreibfreude gerecht werden. Entwickle deine Feinmotorik und finde zu einem flüssigen Bewegungsablauf. Teste verschiedene Schreibgeräte und achte auch darauf, dass das Papier deiner Leichtigkeit entgegenkommt.

Tipp 11: Sich Zeit für das Schreiben nehmen

Frage dich, welche Gründe dich vom Scheiben abhalten.

▷ Ist es die Zeit, die ich angeblich nicht zur Verfügung habe?
▷ Sind es die fehlenden Computer-Kenntnisse?
▷ Werde ich durch andere Dinge immer wieder abgelenkt?
▷ Lässt mir meine Familie keine Zeit?
▷ Bin ich allein?
▷ Habe ich niemanden, der meine Geschichten hören möchte?
▷ Finde ich keine Gleichgesinnten in meinem Ort?

Setze dich mit den Gründen auseinander und sprich mit deiner Familie oder in deinem Umfeld darüber, was dich vom Schreiben abhält und was du verändern möchtest. Hindernisse kannst du aus dem Weg räumen. Es ist nicht schwer. Vielleicht müssen andere Menschen etwas Rücksicht auf dich nehmen. Das kannst du getrost einfordern.

Tipp 12: Schatztruhe zum Schreiben

Leg eine kleine Schatztruhe an, die als Anregung zum Schreiben dienen kann. Pack zehn kleine Gegenstände hinein, die für dich eine Bedeutung haben und mit dem Schreiben zu tun haben:

Gegenstände können zum Beispiel eine Briefmarke, ein Tütchen mit getrockneten Lavendelblüten, ein angespitzter Bleistift, eine Ansichtskarte, ein Zeitungsschnipsel, eine alte Halskette, eine Holzfigur, ein kleines Fellstück, Halstabletten oder ein Päckchen Samen sein.

Die Briefmarke kann dich daran erinnern, dass du mal wieder handschriftlich einen Brief an eine Person, die dir viel bedeutet, verfassen könntest. Das Tütchen mit Lavendelblüten kann dich daran erinnern, dass du einen Duft in deiner Umgebung sehr sensibel wahrnimmst und über eine Erinnerung schreiben könntest. Der angespitzte Bleistift kann dich daran erinnern, dass du zu einem Thema, über das du schreiben möchtest, zunächst deine Ideen sammelst und deinen Text gründlich planen wirst. Die Ansichtskarte kann dich daran erinnern, dass du nach der Betrachtung eines Bildes deine Gedanken und Gefühle aufschreiben oder über die letzte Reise einen Bericht verfassen könntest. Der Zeitungsschnipsel kann dich daran erinnern, dass du einen Beitrag für eine eigene Geschichte nutzen kannst. Die alte Halskette kann dich an deine Großmutter oder an deine Vorfahren erinnern, über die du schon immer etwas schreiben wolltest. Die Holzfigur kann dich an deine Enkelkinder erinnern, für die du immer gerne eine Geschichte schreiben wirst. Das Fellstück kann dich daran erinnern, dass du immer deine Seele streicheln und durch deine Texte achtsam mit dir selbst umgehen sollst. Die Halstabletten sollen dich daran erinnern, dass du bei einem fertigen Text das Lesen gut üben sollst. Das Päckchen Samen soll dich daran erinnern, dass du vorher meist nicht weißt, was bei den Texten herauskommen wird, dass du aber immer auf etwas Gutes hoffst und dich auch dafür anstrengen wirst. Und plötzlich ist es dann tatsächlich soweit und du hältst ein wunderbares Werk in deinen Händen.

Tipp 13: Check-Liste für das Schreiben

Eine Check-Liste oder eine Liste mit Fragen kann dir nach der Lektüre des Buches helfen, noch einmal die Anregungen für das Schreiben zu bündeln und im Überblick zu sehen.

▷ Hast du das Schreiben in den Alltag einbeziehen können?
▷ Kannst du Gedanken und Gefühle formulieren?
▷ Bist du durch das Lesen zum Schreiben gekommen?
▷ Hat dich das Schreiben auf andere Gedanken gebracht?
▷ Hast du es geschafft, vom Erzählen zum Schreiben zu gelangen?
▷ Hast du gemerkt, wie das Schreiben dein Gehirn aktivieren kann?
▷ Hast du dir einen Schreibplatz eingerichtet?
▷ Hast du dich durch die Anregungen aus dem Buch zum Schreiben verführen lassen?

- ▷ Hast du eine Möglichkeit gefunden, eigene Ideen für Texte zu sammeln?
- ▷ Hast du deine Angst vor dem leeren Blatt überwinden können?
- ▷ Hast du es geschafft, vom spontanen zum planvollen Schreiben zu gelangen?
- ▷ Hast du eigene Gründe für das Schreiben entdecken können?
- ▷ Hat dir das assoziative Schreiben zugesagt?
- ▷ Hat dir das kreative Schreiben gefallen?
- ▷ Hast du das autobiografische Schreiben für dich entdecken können?
- ▷ Hast du das produktive Schreiben erprobt?
- ▷ Hast du das kommunikative Schreiben erprobt?
- ▷ Hast du das kooperative Schreiben in einer Gruppe ausprobieren können?
- ▷ Hast du das reflektierte Schreiben durchführen können?
- ▷ Hast du unterschiedliche Textsorten kennengelernt?
- ▷ Hast du eigene Gedichte verfasst?
- ▷ Hast du Kurzgeschichten formuliert?
- ▷ Hast du Tagebucheintragungen gemacht?
- ▷ Hast du Fantasiegeschichten erfunden?
- ▷ Hast du Märchen, Sagen, Fabeln oder Legenden aufgeschrieben?
- ▷ Hast du Lügengeschichten oder Witze notiert?
- ▷ Hast du Sachtexte, Berichte oder Reisebeschreibungen schriftlich festhalten?
- ▷ Hast du Biografien in Texten dargestellt?
- ▷ Hast du Lust bekommen, einen Roman zu schreiben?
- ▷ Hat dich das Schreiben fasziniert?
- ▷ Hast du die Möglichkeit, deine Texte selbst oder durch andere zu überarbeiten?
- ▷ Hast du über deinen Schreibprozess in Ruhe nachdenken können?
- ▷ Möchtest du deine Texte veröffentlichen?

▷ Hast du schon nach Möglichkeiten gesucht, deine Texte drucken zu lassen?

▷ Hast du das laute Vorlesen üben können?

Texte veröffentlichen

Wenn du deine eigenen Texte nach einiger Zeit in die Hand nimmst und in Ruhe liest, dann wirst du vermutlich darin herumstreichen und ganze Passagen verwerfen oder neue ergänzen. Das ist ganz normal, denn Schreiben ist ein Prozess, der aus Vorbereiten, Planen, Sammeln von Ideen, Formulieren, Überarbeiten und Präsentieren besteht. Die meisten dieser Phasen hast du schon erprobt. Nach einiger Zeit haben sich Gegebenheiten verändert oder dein Wissen über Vorgänge oder Personen hat sich erweitert. Das schlägt sich dann in deinen Texten nieder und du veränderst etwas. Vielleicht bist du mittlerweile auch kritischer mit deinen Aufzeichnungen, und dir gefallen einige Formulierungen nicht mehr, sodass du sie verbessern wirst.

Doch wenn du viele Stunden zwischen Niedergeschlagenheit und Hochstimmung, zwischen Angst und Mut, zwischen Trauer und Freude oder zwischen Verzweiflung und Hoffnung mit dem Schreiben verbracht hast, dabei deinem Kopf und Herzen immer wieder neue Texte entlockt hast und diese dann in gründlicher Kleinarbeit so lange überarbeitet hast, bis sie dir gefallen, dann solltest du überlegen, ob du auch anderen etwas davon zugänglich machen möchtest. Bei einer Präsentation wird deine Arbeit gewürdigt und du erlebst, wie Leserinnen und Leser darauf reagieren. Zunächst solltest du sichten, was du bisher geschrieben hast und dich fragen:

▷ Kann ich eine vorherrschende Textsorte oder ein vorherrschendes Thema in meinen Aufzeichnungen erkennen?

▷ Habe ich überwiegend Gedichte formuliert?

▷ Habe ich Kindergeschichten verfasst?

▷ Habe ich mehrere Kurzgeschichten geschrieben?

▷ Kann ich verschiedene Texte zu einem Werk zusammenfassen?

▷ Habe ich bereits einen umfangreichen Text mit mehr als hundert Seiten fertig?

▷ Habe ich mehrere Texte mit autobiografischem Hintergrund, die ich zu meinen Lebenserinnerungen zusammenfassen könnte?

▷ Habe ich eine Sammlung von Daten und Erzählungen meiner Vorfahren, die ich zu meiner Familiengeschichte bündeln kann?

Von der kritischen Sichtung deiner bisher verfassten Texte hängt es ab, welche Art der Veröffentlichung am besten passt.

Tipp 1: Lesungen

Suche dir einen Veranstalter für Lesungen, zum Beispiel eine Schreibgruppe oder einen Literaturverein. Manchmal gibt es auch in Stadtbibliotheken oder Buchhandlungen Möglichkeiten, eigene Texte vorzulesen. Beim öffentlichen Lesen ist es wichtig, die Texte gut zu kennen und das laute Lesen vorher mehrmals zu üben. Sinngestaltend vorzutragen ist eine Kunst, die man sich aneignen muss. Das öffentliche Vorlesen ist aber auch eine Möglichkeit, mit interessierten Menschen direkt in Kontakt zu treten und vielleicht im Anschluss daran ein Gespräch zu führen.

Tipp 2: Ausschreibungen und Wettbewerbe

Ziehe auch die Teilnahme an Wettbewerben oder Ausschreibungen in Betracht. Manchmal wird sogar ein kleiner Preis in Aussicht gestellt. Regionale Literaturwettbewerbe gibt es in zahlreichen Orten Deutschlands. Für viele bekannte Schriftsteller ist die Teilnahme an Wettbewerben die Eintrittskarte in die Literatur- und Verlagswelt gewesen. Ausschreibungen haben einen festgelegten Rahmen, bei dem entweder Genre oder Thema festgelegt sind oder nur Autoren aus bestimmten Städten oder mit einem bestimmten Alter zugelassen sind. Der Uschtrin Verlag bietet im Internet aussagekräftige Listen mit fast allen deutschen Preisausschreiben, deren Bedingungen und Fristen.

Tipp 3: Anthologien

Anthologien sind Textsammlungen unterschiedlicher Autoren. Du könntest dich mit einzelnen oder mehreren Texten an einer geplanten Anthologie beteiligen. Manchmal geben auch Schreibgruppen solche Textsammlungen heraus. Manche Verlage machen Ausschreibungen für geplante Anthologien, für die jeder oder jede Interessierte Texte einschicken kann. Mit ein bisschen Glück werden auch deine Texte in einem Sammelband aufgenommen.

Tipp 4: Viele Wege führen zur Veröffentlichung

Prüfe die Angebote einer eigenen Buchveröffentlichung. Es gibt kleine Buchverlage, die dein Buch zu einem günstigen Preis veröffentlichen und drucken lassen können. Im Internet findest du verschiedene Möglichkeiten des Self-Publishings, wie zum Beispiel *Books on Demand* oder *Neobooks*. Diese Anbieter helfen dir meist auch, deine Veröffentlichungen interessant zu gestalten. Allerdings müssen diese Dienstleistungen bezahlt werden. Du kannst dich aber dort zunächst kostenfrei beraten lassen.

Tipp 5: Suche dir eine gute Lektorin

Irgendwann hältst du ein komplettes Manuskript in den Händen. Erstelle Kopien und gebe diese ausgewählten Testlesern, denen du vertraust und die dein Produkt kompetent korrigieren und diskret bewerten können. Wenn du die finanziellen Möglichkeiten hast, solltest du bereits im laufenden Schreibprozess eine freie Lektorin oder einen freien Lektor in deine Arbeit mit einbeziehen. Gute Lektoren sind wie Schreiblehrer und -begleiter, sie gehen den Text mit dir Schritt für Schritt durch und machen begründete Vorschläge zur Überarbeitung. Autoren, die am Markt erfolgreich sind, arbeiten so gut wie ausnahmslos mit Lektoren zusammen. Achte einmal beim Lesen auf Danksagungen im Nachwort. Lektoren gehören für Profis mit zum Team, das Veröffentlichungen erfolgreich macht. Manche Autoren arbeiten immer mit dem gleichen Lektor.

Genieße das Lob, das man deinem Werk entgegenbringt. Sei stolz, es geschafft zu haben. Achte aber auch auf kritische Stimmen. Andere Menschen betrachten die Dinge aus einer anderen Perspektive. Das ist ganz normal und braucht dich überhaupt nicht zu verunsichern. Notiere dir Verbesserungsvorschläge und prüfe sie mit einer sachlichen und offenen Einstellung in aller Ruhe. Vielleicht sind wertvolle Hinweise für dein weiteres

Schreiben dabei. Du musst nicht jede Kritik umsetzen, denn auch Kritiker haben nicht immer Recht. Lasse auf keinen Fall zu, dass dein Werk durch unsachliche Kommentare in ein schlechtes Licht gerückt wird und du dadurch womöglich die Lust am Schreiben verlierst.

Das Wichtigste ist, dass du die Angst vor dem leeren Blatt überwunden hast und mit Freude und Erfolg deine Erlebnisse, Erfahrungen, Gedanken und Gefühle in Schriftsprache verwandeln kannst. Vielleicht hat das Schreiben dein Leben verändert und dich etwas glücklicher gemacht.

Mein eigener Weg und meine Liebe zum Lesen und Schreiben

Dieses Buch ist mir ein besonderes Anliegen. Ich möchte mit der Freude am Schreiben und Lesen, die mich seit Kindertagen begleitet, andere Menschen anstecken und ermutigen, ihr eigenes Schreiben zu entdecken. Ausdrücklich möchte ich betonen, dass ich in diesem Buch alle Geschlechter gleichermaßen anspreche, auch wenn ich das nicht jedes Mal formuliert habe.

Die Schreibideen, die ich in diesem Buch vorstelle, habe ich selbst gründlich erprobt. An meinen Schreibseminaren haben Erwachsene teilgenommen, aber in zahlreichen Veranstaltungen und als Lehrerin habe ich auch vielen Kindern und Jugendlichen die Freude am Schreiben vermitteln können.

Schon als Kind schrieb ich gerne fantasievolle Geschichten und Liedtexte. Bleistifte mussten bei mir immer angespitzt bereit liegen.

Als ich elf Jahre alt war, schickte ich einem bekannten Verlag völlig unbedarft ein von mir selbst gestaltetes Kinderbuch. Das Päckchen kam zurück und darin war ein Brief, an den ich mich noch gut erinnere. Der Verlag veröffentlichte mein Manuskript leider nicht. Aber in dem Brief stand, ich solle unbedingt weiter viele Geschichten schreiben, dann würde ich später bestimmt eine richtige Schriftstellerin werden. Das hat mir damals richtig Mut gemacht.

Begegnete mir als Kind im Unterricht oder in der Freizeit etwas, was mich interessierte, schlug ich im Lexikon nach und las alles, was mich dazu weiterbrachte. Nach den Hausaufgaben beschäftigte ich mich oft auf meine eigene kreative Weise mit den Dingen, die ich erfahren hatte. Nur die Themen der Aufsätze interessierten mich nicht immer. Ich suchte mir lieber selbst aus, worüber ich forschen und schreiben wollte. Zu den vorgegebenen Themen hatte ich nicht immer etwas zu sagen, und die roten Korrekturen in meinen Arbeiten empfand ich als persönliche Kränkung.

Als ich später selbst Grundschullehrerin wurde, wollte ich den Kindern beim Schreiben Freiheiten einräumen. Ich ermutigte sie, kreativ zu sein und leitete sie zu vielen unterschiedlichen Schreibmöglichkeiten an, schon vom ersten Schuljahr an. Mir war wichtig, dass die Kinder Freude am Schreiben entwickeln konnten und zeigte ihnen dann, welche Regeln sie kennen und einhalten sollten und wie sie ihre Texte selbst verbessern können – ohne Rotstift. So entstanden sowohl frei assoziierte als auch formgebundene Gedichte und Geschichten. Über viele Jahre gab ich mit meinen Schulkindern eine Schülerzeitung heraus, für die sie die Themen der einzelnen Ausgaben frei wählen konnten. Die einzelnen Beiträge umfassten Berichte, Biografien, Interviews, Fantasiegeschichten, Comics und Witze.

Ich spielte mit ihnen auch sehr gerne Theater. Nicht immer fand ich passende Stücke. Deshalb schrieb ich selbst welche und konnte sie so genau auf die Kinder und ihre Situation zuschneiden. Den Stücken gab ich klingende Titel wie „Der Traum der Wolke" und „Der gnädige König von Durstina". „Auf der Suche nach Weihnachten" schrieb ich gemeinsam mit Iris Gruttmann, einer Sängerin, die durch „Schnappi" bekannt geworden ist. Der Kinderbuchautor James Krüss, den ich persönlich kannte, inspirierte mich zum Schreiben für den Unterricht in der Grundschule. Vor allem ermutigte er mich, Gedichte zu verfassen.

Über die Aktivitäten mit meinen Schulkindern kam ich dazu, für pädagogische Fachzeitschriften zu schreiben. Dem WDR war nach Aufräumarbeiten ein Drehbuch in die Hände gefallen, das die Kinder meiner Klasse verfasst hatten. Der Sender leitete es an den Westermann Verlag weiter und bald darauf wurde ich gebeten, über dieses Filmprojekt einen Bericht für eine pädagogische Fachzeitschrift zu schreiben. Gefragt, getan. Das war der offizielle Beginn meiner Arbeit als Autorin.

Ich hatte Glück, denn mir begegneten immer wieder Menschen, die mich unterstützten und mich anderen Verlagen empfahlen. Manches ergab sich dann wie von selbst.

Der Auer Verlag war auf mich aufmerksam geworden und lud mich zu mehreren Projekten ein. Ich suchte mir kompetente Kolleginnen, und wir wurden ein produktives Team. Mehrere Bücher für den Unterricht in Grundschulen sind in dieser Zeit entstanden, z.B. „Mit Kindern die Natur spüren", „Schreibwerkstatt Grundschule", „Auf dem Weg nach Bethlehem", Auf dem Weg zum Osterfest" und Bücher für den Sachunterricht, einschließlich der dazu gehörigen Lehrerbände.

Nach fast zwanzig Jahren Grundschule wandte ich mich der Lehrerausbildung zu und unterrichtete sowohl an der Universität wie auch im Lehrerseminar. Dabei war mir immer wichtig, pädagogische Ideen und Strömungen zu bündeln, weiterzureichen und Innovationen im Fluss zu halten. Ich wollte die angehenden Lehrpersonen befähigen, den Kindern auf die Spur zu kommen und ihnen in der Schule und im Unterricht gerecht zu werden.

Die jungen Studierenden animierte ich zum freien Schreiben und zeigte ihnen in der *Schreibwerkstatt* – eine meiner Veranstaltungen an der Universität Dortmund jeweils über ein Semester – wie sie kreative und assoziative Texte verfassen können. Schreiben kann befreien und hat einen therapeutischen Wert, das waren schon damals meine Botschaften. Meine Veranstaltungen erfreuten sich wachsenden Zulaufs.

Ich wurde gebeten, einen Bericht über den exemplarischen Tagesablauf einer Fachleiterin in der Deutschen Lehrerzeitung zu veröffentlichen. Er wurde sehr interessiert aufgenommen und es folgten weitere Beiträge und ein Kolumne von mir.

Über zwei Jahre gehörte ich einer Expertengruppe des Deutschen Bibliotheksinstitutes in Berlin an, die die Frage beschäftigte, wie man die Schulbibliotheken mehr in die Unterrichtsarbeit einbeziehen kann. Dazu erarbeitete und veröffentlichte die Gruppe praktische Anregungen und Beispiele für fast alle Fächer.

Als langjähriges Mitglied im *Verband der deutschen Schriftsteller* und in der *Deutschen Gesellschaft für Lesen und Schreiben e. V.* halte ich mich anhand von aktuellen Forschungsberichten zum Lesen und Schreiben auf dem neusten Stand der Wissenschaft.

Im Jahr 1995 ergab sich eine Zusammenarbeit mit dem Arena Verlag, die über zwanzig Jahre lang aktiv geblieben ist. Im Rahmen eines Leseprojektes gab Prof. Dr. Peter Conrady für viele Kinder- und Jugendbücher Unterrichtshilfen heraus. Mehrere dieser Begleitmaterialien verfasste ich, zum Beispiel für die *Teppichpiloten* von Knister, für die *Freundschaftsgeschichten* von Christa Stewens und für die Sachbücher *So entsteht ein Buch* und *Gegen Rechts. Texte gegen Rechtsextremismus*, außerdem zu *Alk. Außer Kontrolle* von Wolfram Hänel, und mehrere zu der Serie *Hexe Lilli*.

In meiner Promotion an der Universität Dortmund bei Prof. Dr. Peter Conrady ging ich der Frage nach, wie Grundschulkinder der Literatur ganzheitlich begegnen können. Ich konnte konkret zeigen, wie Lehrpersonen in der Schule die Freude an der Literatur in diesem Alter stärken können, um so einem funktionellen Analphabetentum entgegenzuwirken.

Nach den ernüchternden Ergebnissen der PISA-Studie im Jahr 2000 und den etwas besseren Ergebnissen der IGLU-Studie im Jahr 2003 geriet das Lesen und Lesenlernen besonders in meinen Fokus.

Für den Auer Verlag, Persen Verlag und Cornelsen Verlag konnte ich die Bücher „Informierendes Lesen" und „Lesestrategien fördern" verfassen. Beim Spectra Verlag veröffentlichte ich eine Arbeitsbox mit dem Titel „Texte in Bewegung". Zusammen mit der Kinderbuchautorin Elisabeth Zöller entwickelte ich verschiedene Projekte und erarbeitete Unterrichtshilfen für ihre Bücher. Die Leseförderung wurde für mich zu einer Herzensangelegenheit.

Mein persönlicher Kontakt zu Kinderbuchautoren war für mich immer sehr bereichernd. Ich hielt Vorträge über James Krüss und Cornelia Funke und konnte so einem interessierten Publikum Einblicke in ihr Leben und Wirken geben.

Neben meinen alleinigen Veröffentlichungen arbeitete ich immer wieder in wunderbaren Autorenteams mit. So ergab sich die Mitarbeit an einem Werk für den Religionsunterricht in der Grundschule, die mich sehr beeindruckt hat. Gemeinsam mit der Co-Autorin Dr. Ulrike Itze bot ich Lehrerfortbildungen zu unserem neuen Religionsbuch an. Die Aufgabe übernahm ich bald allein, und sie führte mich weit mehr als fünfzig Mal in unterschiedliche deutsche Städte.

Zusammen mit meinem Mann Jürgen Moers, einem Profi-Fotografen, arbeitete ich an Bildern und Texten zum Thema *Werte und Gemeinschaft*, die der Schubi-Verlag für den Ethikunterricht herausgegeben hat.

Das Erschaffen neuer Texte erfüllte mich immer mit großer Faszination. Die Grenzen zwischen meinem Beruf und meiner Freizeit waren fließend, und das Schreiben half mir, meine Eindrücke, Erlebnisse, Erkenntnisse, Gedanken und Gefühle zu reflektieren, zu ordnen und zu verstehen. Dabei musste ich auch Hindernisse überwinden und Grenzen überschreiten. Doch es gelang mir schreibend, einen klaren Blick auf die Dinge zu bekommen und so alle Herausforderungen zu meistern.

Als Autorin durfte ich über die Jahre viele wunderbare Menschen kennenlernen und bei interessanten und bedeutenden Veröffentlichungen mitwirken. All diesen Menschen, die an mich geglaubt und mir vertraut haben, möchte ich an dieser Stelle ganz herzlich danken.

Mittlerweile habe ich über zweihundert Beiträge für pädagogische Fachzeitschriften und mehr als sechzig Bücher allein oder mit anderen Kolleginnen geschrieben, zahlreiche Gedichte und Geschichten in mehreren Anthologien und in Lesebüchern veröffentlicht, drei Romane und über sechzig Kinderlieder verfasst, die überwiegend von Dr. Martin Buntrock vertont und auf Tonträger gebannt worden sind.

Als Ruheständlerin habe ich mir endlich meinen Traum erfüllt und einen Roman geschrieben, der einen Teil meiner Familiengeschichte darstellt. *Der Lutheraner* erzählt von Rupert Embacher, einem Bergbauern, der wegen seines Glaubens aus seiner Heimat, dem Salzburger Land, vertrieben wird und nach einer langen Flucht erst in Ostpreußen wieder ganz neu beginnen kann.

Mein Roman *Die Schriftstellerin* erinnert an die bedeutende Schriftstellerin Maria Lenzen, die im 19. Jahrhundert in meiner Heimatstadt Dorsten gelebt hat. Ich erzähle ihren Lebensweg und veranschauliche, wie eine mutige, schreibende Frau seinerzeit noch als „Federfuchserin" verspottet und nicht ernst genommen worden ist, aber unermüdlich ihr Ziel im Blick gehabt hat und schließlich auch erfolgreich geworden ist.

Ich fühle mich mit Dorsten und seiner Geschichte sehr verbunden. Seit über dreißig Jahren gehöre ich der Redaktion des *Heimatkalenders der Herrlichkeit Lembeck und Stadt Dorsten* an, der jedes Jahr in Form eines Buches herausgegeben wird. Durch meine Mitarbeit im *Literarischen Arbeitskreis Dorsten* kann ich einige meiner Texte in Anthologien veröffentlichen und sie bei Lesungen einem Publikum präsentieren.

In meinem dritten Roman *Die Schatten im Wind* habe ich über die Folgen der Zwangsadoptionen in der ehemaligen DDR geschrieben. Es ist eine bewegende Geschichte mit einer dunklen Vergangenheit der beiden Geschwister. Gleichzeitig zeige ich die Schönheiten von Lanzarote. Die

Begegnung der beiden Protagonisten findet auf dieser wundervollen Insel im Atlantik statt und steht im Kontrast zu den düsteren Kindheitserlebnissen. Erst dort gelingt es den beiden Hauptfiguren, ihre Vergangenheit gemeinsam aufzuarbeiten.

Beim Schreiben der drei Romane habe ich die Lektorin Uta Kegel an meiner Seite gehabt, die mich mit ihren Korrekturen und Änderungsvorschlägen sehr gut unterstützt hat und dadurch die Texte an Qualität gewonnen haben. Auch das Buch *Wohlbefinden durch Schreiben* hat sie lektoriert. Dafür spreche ich ihr meinen großen Dank aus.

Petra Embacher hat gründlich Korrektur gelesen. Herzlichen Dank dafür. Meine Testleserinnen Christel Blüggel und Ingrid Gromes haben mir wertvolle Rückmeldungen gegeben. Auch bei ihnen bedanke ich mich an dieser Stelle.

Besonderen Dank spreche ich meinem Mann Jürgen aus, der meine Erfahrungen und Gedanken immer wieder geduldig mit mir teilt und so auch seine guten Ideen in dieses Buch eingebracht hat.

Edelgard Moers

Literatur

Böttcher, Ingrid (Hrsg): Kreatives Schreiben. Grundlagen und Methoden. Beispiele für Fächer und Projekte. Schreibecke und Dokumentation. Berlin 1999.

Gesing, Fritz: Kreativ Schreiben. Handwerk und Techniken des Erzählens. Köln 1994.

Hellinger, Peter (Hrsg): Haus der 13 Mörder. Ein Nürnberg-Krimi. Nürnberg 2014.

Kittler, Udo; Munzel, Friedhelm: Lesen ist wie Wasser in der Wüste. Das Buch als Begleiter auf dem Lebensweg. Freiburg 1992.

Moers, Edelgard: Dichtergeschichten lesen & Sprache gestalten. Augsburg 2019.

Moers, Edelgard: Einfach schnelle Aufsatzübungen für Klasse 2 bis 6. Augsburg 2018.

Moers, Edelgard: Lesestrategien fördern. Band 1. Ein systematisches Training zu Erzähltexten. 2. Auflage Donauwörth 2011.

Moers, Edelgard: Lesestrategien fördern. Band 2. Ein systematisches Training zu Sach- und Gebrauchstexten. Donauwörth 2009.

Moers, Edelgard, Zühlke, Stefanie: Schreibwerkstatt Grundschule. Möglichkeiten zum freien, kreativen, assoziativen, produktiven und kommunikativen Schreiben. Donauwörth 1999.

Mosler, Bettina; Herholz, Gerd: Die Musenkussmischmaschine. 128 Schreibspiele für Schulen und Schreibwerkstätten. Gesammelt, erdacht und kombiniert von Bettina Mosler und Gerd Herholz mit freundlicher Unterstützung des Literaturbüros NRW Ruhrgebiet e. V. Gladbeck. 2. überarbeitete Auflage Essen 1992.

Rico, Gabriele L.: Garantiert schreiben lernen. Sprachliche Kreativität methodisch entwickeln – ein Intensivkurs auf der Grundlage der modernen Gehirnforschung. Rowohlt, Reinbek bei Hamburg 1984.

Schumann, Otto (Hrsg): Grundlagen und Techniken der Schreibkunst. Handbuch für Schriftsteller, Pädagogen, Germanisten, Redakteure und angehende Autoren. Hamburg und Wilhelmshaven 2000.

von Werder, Lutz: Lehrbuch des Kreativen Schreibens. Wiesbaden 2007.